SPANISH
GRAMMAR

in Review

Third Edition

SPANISH

GRAMMAR

in Review

James S. Holton
Professor Emeritus, University of Hawaii

Roger L. Hadlich
Professor Emeritus, University of Hawaii

Norhma Gómez-Estrada
University of North Carolina at Asheville

Prentice Hall

Upper Saddle River, New Jesey 07458

Library of Congress Cataloging-in-Publication Data

HOLTON, JAMES S.
    Spanish grammar in review / James S. Holton, Roger L. Hadlich, Norhma Gómez-
Estrada.— 3rd ed.
      p. cm.
      Includes index.
      ISBN 0-13-028335-5 (pbk.)
      1. Spanish language—Grammar. I. Hadlich, Roger L. II. Gómez-Estrada, Norhma.
III. Title.
      PC4112.H6 2001
      468.2'421—dc21
                                      00-060690

VP, Editorial Director: Charlyce Jones Owen
Editor in Chief: Rosemary Bradley
Assistant Editor: Meriel Martínez
Editorial Assistant: Meghan Barnes
Project Manager: Robert Runck
Executive Managing Editor: Ann Marie McCarthy
Cover Art Director: Jayne Conte
Cover Designer: Bruce Kenselaar
Prepress and Manufacturing Buyer: Tricia Kenny
Marketing Manager: Stacy Best

This book was set in 10/12 Korinna ITC T Regular by Victory Productions, Inc.,
and was printed and bound by RR Donnelley & Sons Company.
The cover was printed by Phoenix Color Corp.

© 2001, 1995, 1977 by Prentice-Hall, Inc.
a division of Pearson Education
Upper Saddle River, New Jersey 07458

Printed in the United States of America
10 9 8 7 6 5 4 3 2 1

ISBN 0-13-028335-5

PRENTICE-HALL INTERNATIONAL (UK) LIMITED, London
PRENTICE-HALL OF AUSTRALIA PTY. LIMITED, Sydney
PRENTICE-HALL CANADA INC., Toronto
PRENTICE-HALL HISPANOAMERICANA, S.A., Mexico
PRENTICE-HALL OF INDIA PRIVATE LIMITED, New Delhi
PRENTICE-HALL OF JAPAN, INC., Tokyo
PEARSON EDUCATION ASIA PTE. LTD., Singapore
EDITORA PRENTICE-HALL DO BRASIL, LTDA., Rio de Janeiro

CONTENTS

UNIT 1

Review of Verb Forms: Present, Imperfect, and Preterit Indicative

UNIT 2

Review of Verb Forms: The Subjunctive and Command Forms

UNIT 3

Review of Verb Forms: Future, Conditional, Compound Tenses, and Gerund

UNIT 4

Ser, Estar, and *Haber (Hay)*

UNIT 5

Expressions of Probability

UNIT 6

The Imperfect Past vs. The Preterit Past

UNIT 7

The Subjunctive in Noun Clauses

UNIT 8

The Subjunctive in Adverbial Clauses

UNIT 9

The Subjunctive in Adjective Clauses

UNIT 10

Sentences with *si*

UNIT 11

The Articles: Use and Non-Use

UNIT 12

Verb-Object Pronouns

UNIT 13
Substitutes for Nouns: Nominalization

UNIT 14
Passives and Their Equivalents

UNIT 15
Time Expressions with *Hacer* and *Llevar*

UNIT 16
Por and *Para*

UNIT 17

Personal *a*

UNIT 18

Prepositions: Use and Non-Use

UNIT 19

Comparisons

UNIT 20

Relatives

UNIT 21

The Position of Descriptive Adjectives

UNIT 22

Problems in English-Spanish Word Association

PREFACE

The Third Edition of *Spanish Grammar in Review* provides the grammar component of intermediate and post-intermediate level courses in such a way as to be maximally flexible in its application. We have been gratified by the success of this book and by comments from instructors and students using previous editions of the text. Many of the changes in this new edition result from these comments. We have tightened or expanded some of the grammar explanations and examples, and we have added a unit on the use of articles and expanded the unit on English-Spanish word associations. We have retained the key ingredients from our first and second editions.

The book contains grammatical analyses of the structure of Spanish, in addition to a wide range of practice exercises. In order to facilitate individual practice, we have made an *Answer Key* available. Instructors may, if they wish, assign this *Answer Key* for student purchase.

Since explanatory and exercise material in the text has been written with the greatest flexibility in mind, we recommend that instructors combine *Spanish Grammar in Review* with whatever listening, speaking, reading, and writing material has worked at the level(s) where this review grammar is used.

Grammatical units are grouped in a manner which places similar topics together. Units, or topics within units, may be taken up as individual or class needs dictate, in the order of preference chosen by instructor or student. Within each unit, material is presented in order of difficulty and progresses from the most basic concepts forward.

In addition, *Spanish Grammar in Review* can be accompanied by *Spanish on the Internet: A Prentice Hall Guide.* This guide provides a brief introduction to navigating the Internet, along with complete references related specifically to the Spanish language, and describes how to use the companion web sites available for many Prentice Hall textbooks. This supplementary book is free to students when shrinkwrapped as a package with any Spanish title.

ACKNOWLEDGMENTS

We would like to thank the many instructors and students who have used *Spanish Grammar in Review* over the years and who have contributed their thoughts and ideas to the new edition. We would like to offer special thanks to the following persons for their advice and suggestions:

Linda Burdell, Macalester College

Isolde Jordan, University of Colorado at Boulder

Bruce S. Gartner, The Ohio State University, Columbus

Gene DuBois, University of North Dakota

Patricia Pogal, Morehouse College

For any errors and inadequacies which survive, only we are responsible.

J. S. H.
R. L. H.
N. G. E.

SPANISH GRAMMAR

in Review

UNIT 1

Review of Verb Forms:
Present, Imperfect, and Preterit Indicative

Adiós, Blas, ya comiste ya te vas.

I. Present Indicative

A.   Regular Verbs

Regular verbs have forms like these:

	tomar	aprender	vivir
yo	tomo	aprendo	vivo
tú	tomas	aprendes	vives
él, ella, Ud.	toma	aprende	vive
nosotros	tomamos	aprendemos	vivimos
vosotros	tomáis	aprendéis	vivís
ellos, ellas, Uds.	toman	aprenden	viven

Practice 1

Vary the sentence by making the verb agree with the new subjects given, but do not repeat the subject. Answers are given for the first set. Repeat the practice until you can do it without hesitation.

1. Cantamos pero no tocamos la guitarra.

    (yo, él, tú, los niños, mis hermanas y yo, usted)

    Canto pero no toco la guitarra.

    Canta pero no toca la guitarra.

    Cantas pero no tocas la guitarra.

    Cantan pero no tocan la guitarra.

    Cantamos pero no tocamos la guitarra.

    Canta pero no toca la guitarra.

2. Rosa nunca mete el dinero en el banco.

    (mis tíos, mi familia y yo, tú, mi padre, yo, usted, ustedes)

3. No permiten que hable en alta voz.

    (yo, ustedes, mis padres, tú y yo, tú, nosotros)

B.   Stem-Changing Verbs

Many verbs that have o or e as the last vowel of the stem (e.g., **recordar**) have a regular pattern of change of this vowel. The **-ar** and **-er** verbs change the vowel as follows, having a diphthong in forms where the syllable in question is stressed:

recordar		**perder**	
recuerdo	recordamos	pierdo	perdemos
recuerdas	recordáis	pierdes	perdéis
recuerda	recuerdan	pierde	pierden

mover		**pensar**	
muevo	movemos	pienso	pensamos
mueves	movéis	piensas	pensáis
mueve	mueven	piensa	piensan

-ir verbs which are stem-changing fall into two categories in the present indicative. Most (e.g., **morir, sentir**) change as do the **-ar** and **-er** verbs above. A few, however (e.g., **pedir**), change **e** to **i** rather than **ie**:

morir		**sentir**	
muero	morimos	siento	sentimos
mueres	morís	sientes	sentís
muere	mueren	siente	sienten

pedir	
pido	pedimos
pides	pedís
pide	piden

Practice 2

Vary the subjects as before.

1. Rosa siempre pierde las llaves.

    (yo, nosotros, usted, David y yo, tú, ustedes)

2. Duermo muy poco.

   (nosotros, tú, ustedes, yo, mi compañero y yo, usted)

3. Pido más dinero.

   (los obreros, yo, ustedes, tú, usted, tú y yo, los huelguistas)

4. Seguimos practicando tenis.

   (Gabriela Sabatini, yo, nosotros, tú)

5. Mamá siempre llora cuando se despide.

   (nosotros, ustedes, tú)

6. Elegimos al presidente cada cuatro años.

   (ellos, usted, nosotros)

7. El accidente impide el paso de los coches.

   (nosotros, el policía y yo, los bomberos, la ambulancia)

8. Siempre repetimos los ejercicios dos veces.

   (el profesor, yo, nosotros)

9. Los franceses no sirven leche.

   (yo, nosotros, ese vegetariano)

10. Si conseguimos la beca, vamos a España.

    (ustedes, yo, él)

11. Los estudiantes no siempre se visten con elegancia.

    (nosotros, yo, tú)

Practice 3

This drill contains the most common stem-changing verbs, as well as some verbs which do not change. Answer the question saying that you don't do anything, but Sancho does do it. Notice that the verb ir is not used in the answers.

MODEL: ¿Ustedes van a contar las páginas?

Nosotros no las contamos pero Sancho sí las cuenta.

1. ¿Ustedes van a cerrar las puertas?

2. ¿Ustedes van a dormir aquí?

3. ¿Ustedes van a despertarse temprano ?

4. ¿Ustedes van a empezar clases mañana?

5. ¿Ustedes van a querer estudiar?

6. ¿Ustedes van a entender los problemas?

7. ¿Ustedes van a entregar las soluciones de los problemas?

8. ¿Ustedes van a perder el tiempo?

9. ¿Ustedes van a morirse de aburrimiento?

10. ¿Ustedes van a pensar en los planes para la fiesta?

11. ¿Ustedes van a colgar las decoraciones?

12. ¿Ustedes van a mover esa mesa para la fiesta?

13. ¿Ustedes van a poder ir a esa fiesta?

14. ¿Ustedes van a atender a los invitados?

15. ¿Ustedes van a vestirse en casa para la fiesta?

16. ¿Ustedes van a conseguir ayuda para la fiesta?

17. ¿Ustedes van a probar estos vinos franceses?

18. ¿Ustedes van a servir platos vegetarianos?

19. ¿Ustedes van a pedir otra cerveza?

20. ¿Ustedes van a seguir comiendo?

21. ¿Ustedes van a despedirse ahora?

22. ¿Ustedes van a volver a casa después del almuerzo?

23. ¿Ustedes van a rogar que los dejen en paz?

24. ¿Ustedes van a recordar todos estos verbos?

25. ¿Ustedes van a negar la verdad?

Practice 4

Rephrase as in the model.

MODELS: ¿Cuánto va a costar ese aparato?
¿Cuánto cuesta ese aparato?

No mucho. El club va a prestar el dinero.
No mucho. El club presta el dinero.

1. Estos cables no van a servir para ese aparato.

2. Otro aparato mejor va a costar mucho.

3. El club no va a extenderse en su presupuesto.

4. El tesorero va a referirse a su presupuesto.

5. Ya va a sonar la señal para empezar.

C. Irregular Verbs

Most irregularities follow some kind of pattern and, consequently, it is useful to group them instead of learning them one by one.

1. Verbs with a **g** in the first person singular only:

poner:	pongo, pones...	(plus compounds like **disponer, oponer, componer, proponer**)
salir:	salgo, sales...	
valer:	valgo, vales...	
hacer:	hago, haces...	(plus compounds like **deshacer** and **rehacer**)
traer:	traigo, traes...	(plus compounds like **distraer** and **atraer**)
caer:	caigo, caes...	(plus compounds like **decaer**)

2. Verbs like the first group which also have stem changes in their other forms:

venir:	vengo	venimos	(plus compounds like **convenir**)
	vienes	venís	
	viene	vienen	
tener:	tengo	tenemos	(plus compounds like **detener, contener, obtener, sostener**)
	tienes	tenéis	
	tiene	tienen	
decir:	digo	decimos	(plus compounds like **predecir, contradecir**)
	dices	decís	
	dice	dicen	

Practice 5

After looking carefully at the verb forms listed above, do the following drill to practice using these irregular verbs. Follow the models and be sure to think about what you are saying.

MODELS: (decir) ¿Ustedes _____ la verdad?
¿Ustedes dicen la verdad?
No, nunca la decimos.
Yo sí digo la verdad.

(salir) ¿Ustedes _____ solas de noche?
¿Ustedes salen solas de noche?
No, nunca salimos solas de noche.
Yo sí salgo sola de noche.

1. (tener) ¿Ustedes _____ tiempo para dormir?

2. (traer) ¿_____ ustedes mucho dinero hoy al banco?

3. (venir) ¿_____ ustedes aquí después de las clases?

4. (hallar) ¿Ustedes _____ monedas en los teléfonos públicos?

5. (poner) ¿Ustedes _____ los zapatos debajo de la cama?

6. (caerse) ¿Ustedes _____ al subir las escaleras?

7. (pedir) ¿_____ ustedes otra porción de ensalada?

8. (valer) ¿_____ ustedes más muertos que vivos?

9. (decir) ¿Ustedes _____ cosas tontas a veces?

10. (hacer) ¿_____ ustedes todo este trabajo sin parar?

11. (oponerse) ¿_____ ustedes a la energía nuclear?

12. (contradecir) ¿_____ ustedes a sus profesores?

13. (obtener) ¿Ustedes _____ la información correcta?

D. Other Groups of Present-Tense Irregulars

1. Verbs ending with a vowel plus **-cer** or **-cir** end in **-zco** in the first person singular form:

> **conocer:** conozco, conoces, conoce...
> **merecer:** merezco, mereces, merece...

Other verbs of this type are **nacer, ofrecer, perecer, agradecer, permane-cer, lucir, producir** (but not **mecer** or **cocer**).

2. Four important verbs end in **-y** in the first person singular. Two of these have other irregularities also.

dar:	doy	damos	ir:	voy	vamos
	das	dais		vas	vais
	da	dan		va	van
ser:	soy	somos	estar:	estoy	estamos
	eres	sois		estás	estáis
	es	son		está	están

3. A few verbs carry accent marks on four forms to show that **i** or **u** does not form a diphthong with the following vowels. (Compare **María** and **Mario**, where the **io** of Mario forms a single syllable, while the **ía** of María forms two syllables. So also in **continúo** and **continuo**. Two vowels forming a single syllable are a diphthong.)

enviar:	envío	enviamos	(confiar also)
	envías	enviáis	
	envía	envían	
continuar:	continúo	continuamos	
	continúas	continuáis	
	continúa	continúan	

4. A few cannot be readily grouped with others:

oír:	oigo	oímos	reír:	río	reímos
	oyes	oís		ríes	reís
	oye	oyen		ríe	ríen
huir:	huyo	huimos	(sonreír is like **reír**)		
	huyes	huís			
	huye	huyen			

Construir, destruir, influir, and others like them behave in the same way.

5. **Jugar** and **adquirir** have irregular stems. They act like other stem-changing verbs but they have **u** and **i** instead of **o** and **e** in the stem:

> **jugar:** juego, juegas, juega, jugamos, jugáis, juegan
> **adquirir:** adquiero, adquieres, adquiere, adquirimos, adquirís,
> adquieren

Practice 6

Follow the same procedure as in the previous drill. Try to think in Spanish, not in English, but be sure you know what you're saying or the practice will be ineffective.

MODEL: (conocer) ¿Ustedes _____ las obras de García Márquez?
¿Ustedes conocen las obras de García Márquez?
No, no las conocemos.
Yo sí las conozco.

1. (continuar) ¿Ustedes _____ con los ejercicios?

2. (dar) ¿Les _____ ustedes ropa a los pobres?

3. (oír) ¿_____ ustedes esa sirena?

4. (huir) ¿Ustedes _____ al campo los fines de semana?

5. (producir) ¿_____ ustedes frases cómicas?

6. (ir) ¿_____ ustedes al laboratorio en este curso?

7. (adquirir) ¿_____ ustedes objetos de arte?

8. (parecer) ¿_____ ustedes estudiantes típicos?

9. (reírse) ¿_____ ustedes de Carlitos Brown?

10. (estar) ¿_____ ustedes en casa ahora?

11. (merecer) ¿_____ ustedes un premio por su patriotismo?

12. (crecer) ¿_____ ustedes más cada día?

13. (confiar) ¿_____ ustedes en el gobierno?

14. (jugar) ¿_____ ustedes a las cartas en el café?

15. (despertarse) ¿_____ ustedes cuando termina la clase?

16. (componer) ¿_____ ustedes sinfonías pastorales?

17. (conocer) ¿_____ ustedes el Museo del Prado?

18. (ser) ¿Ustedes _____ latinoamericanos?

19. (sonreír) ¿_____ ustedes al leer las historietas cómicas?

20. (negar) ¿_____ ustedes haber aprendido algo?

21. (meter) ¿_____ ustedes papeles en sus libros?

22. (agradecer) ¿_____ ustedes los favores recibidos?

23. (contradecir) ¿Ustedes _____ a los ancianos?

24. (sostener) ¿_____ ustedes sus derechos de ciudadanos?

25. (oír) ¿_____ ustedes la lluvia afuera?

26. (vestirse) ¿_____ ustedes en el cuarto de baño?

27. (conseguir) ¿_____ ustedes sacar buenas notas en todas las clases?

28. (alegrarse) ¿_____ ustedes en tiempo de Navidad?

29. (permanecer) ¿_____ ustedes en la biblioteca hasta tarde?

E.   Verbs with Spelling Changes in the Present Indicative

In the present indicative, there are two types of verbs which require variations in spelling. Because different vowels follow the stem, it is necessary to modify the spelling in order to represent correctly the sound of the stem. Thus, since **g** before **a**, **o**, or **u** represents one sound, and before **e** and **i** a different sound, it is necessary to use **g** sometimes and **j** sometimes in verbs like **dirigir** in order to represent the same consonant sound.

Pronunciation

ge = [he] or [xe]   ga = [ga]
gi = [hi] or [xi]   go = [go]
gu = [gu]

Types of -ir Verbs

1. In verbs such as **dirigir, escoger, coger,** and **exigir,** the letter **g** becomes **j** when an **o** follows, since **"dirigo"** would sound wrong.

dirijo	dirigimos
diriges	dirigís
dirige	dirigen

2. **Distinguir, perseguir,** and other verbs which end in **-guir** remove the **u** when **o** follows, because the **u** preceded by **g** has no sound before **e** or **i** but does before **a** or **o**. (Compare the sound of **gu** in **guerra** and **Guatemala**).

distingo	distinguimos
distingues	distinguís
distingue	distinguen

Practice 7

On scratch paper, write the form which corresponds to the subject provided, then check the spelling of your responses. Some forms will have spelling changes; some will not.

1. dirigir   él   _____
2. dirigir   yo   _____
3. dirigir   nosotros   _____
4. pagar   ellos   _____
5. pagar   yo   _____
6. escoger   nosotros   _____
7. escoger   yo   _____
8. escoger   ustedes   _____
9. explicar   yo   _____
10. explicar   tú   _____
11. distinguir   usted   _____
12. distinguir   nosotros   _____
13. distinguir   yo   _____
14. exigir   yo   _____

15. exigir   ustedes   _____

16. exigir   nosotros   _____

F.   *Vosotros* Forms

If you are learning Peninsular Spanish, you will be using a verb form not used in American Spanish. In Spain, the plural of **tú** is **vosotros,** whereas in Spanish America, **ustedes** is used.

Because this book uses American Spanish, the vosotros forms were not practiced in the previous drills. However, they are easy to learn:

hablar:	vosotros habláis	**servir:**	vosotros servís
sentarse:	vosotros os sentáis	**haber:**	vosotros habéis
aprender:	vosotros aprendéis	**ser:**	vosotros sois

Practice 8

Change the sentence to the plural, using the **vosotros** form.

MODEL: Tienes que aprender esto.
          Tenéis que aprender esto.

1. Estás estudiando mucho.

2. Te despiertas fácilmente.

3. ¿Te mueres de hambre?

4. Conoces a mucha gente aquí.

5. ¿Oyes esa música?

6. ¿Te ríes de mí?

7. ¿Piensas en español?

8. Besas con entusiasmo.

9. Sigues practicando.

10. Puedes entenderlo todo.

11. Te acuestas muy tarde.

12. Eres inteligente pero perezoso.

13. ¿Traes dinero?

14. ¿Sales ahora?

15. ¿Vives cerca?

16. ¿Vas a comer?

17. ¿Prefieres vino o cerveza?

18. ¿Te diviertes en esta clase?

19. ¿Por qué huyes cuando llega la profesora?

II. Imperfect Indicative

A. Regular Verbs

Regular verbs in the imperfect have forms like these:

hablar	comer	escribir
hablaba	comía	escribía
hablabas	comías	escribías
hablaba	comía	escribía
hablábamos	comíamos	escribíamos
hablabais	comíais	escribíais
hablaban	comían	escribían

Practice 9

Talk about what people used to do. Vary the sentence by making it agree with the new subject provided.

1. José hablaba español pero no comía tacos.

   (tú, mi amigo y yo, yo, ustedes)

2. En ese tiempo vivía en Los Ángeles.

   (nosotros, yo, mis padres, tú, ustedes)

B. Irregular Verbs

Stem-changing verbs have no changes in the imperfect and there are only three irregular verbs:

ser:		ir:		ver:	
era	éramos	iba	íbamos	veía	veíamos
eras	erais	ibas	ibais	veías	veíais
era	eran	iba	iban	veía	veían

Practice 10

Talk about what people used to do or were doing. Use the proper imperfect form of the verb in parentheses.

1. No me (gustar) estudiar en esos días.

2. Yo (ser) muy perezoso.

3. Mis padres (ir) a México cada año.

4. ¿Qué (hacer) usted cuando llamaron a la puerta?

5. Cuando eran niños, ¿(ver) ustedes mucha televisión?

6. ¿Cuántos años (tener) usted cuando entró a la universidad?

7. ¿Dónde (estar) ustedes cuando llamé?

8. Nosotros no (saber) que (venir) ustedes hoy.

9. ¿Dices que tú me (ver) pasar todos los días?

10. Miguel y Luisa no (tener) mucho dinero cuando se casaron.

11. Sancho Panza no (ser) caballero sino campesino.

12. Él y Don Quijote (hacer) cosas muy raras a veces.

13. Los dos (ir) combatiendo a los malos y defendiendo a los buenos.

14. Pero Don Quijote (ser) loco en el sentido de que no (ver) el mundo como los demás.

15. Él no (pensar) que sus acciones fueran anacronismos.

Practice 11

Change the sentence from the present to the imperfect so that it states what used to happen.

1. No voy a clases todos los días.

2. ¿Qué piensas del presidente?

3. Prefiero no hablar de política.

4. Mi novia y yo somos estudiantes.

5. ¿Qué dicen ustedes?

6. Nunca nos acordamos de los verbos irregulares.

7. Los perros en esos países se mueren de hambre.

8. ¿Ven ustedes la explicación de eso?

9. Claro. Donde hay gente hambrienta, es lógico.

10. Pero no puedo menos de tenerles lástima.

11. Vamos a El Salvador el año siguiente.

12. Este año tengo que trabajar.

13. ¿Duermen ustedes en la playa?

Practice 12

Vosotros forms in the imperfect. You are talking to some Spanish students. Change the **ustedes** form to the **vosotros** form in each of the following sentences (if you are learning Peninsular Spanish). Omit **ustedes** but do not include **vosotros**.

1. ¿Eran ustedes estudiantes?

2. ¿Iban ustedes a la Universidad de Salamanca?

3. ¿Vivían ustedes en casa?

4. ¿Comían ustedes en la universidad?

5. ¿Viajaban ustedes durante las vacaciones?

III. Preterit

A. Regular Verbs

Regular verbs in the preterit have the following forms:

cantar	entender	vivir
canté	entendí	viví
cantaste	entendiste	viviste
cantó	entendió	vivió
cantamos	entendimos	vivimos
cantasteis	entendisteis	vivisteis
cantaron	entendieron	vivieron

Note that both **-er** and **-ir** verbs end in **-imos** in the first person plural. Only in **-er** verbs is this ending different from the present indicative ending: **comemos** (present), **comimos** (preterit).

Practice 13

Vary the sentence to agree with the new subject provided. Talk about what people did in the past.

1. Los chicos guardaron el dinero para otro momento.

    (yo, el ladrón, tú, mi papá y yo, los mendigos)

2. Anoche Lisa y tú conocisteis al nuevo vecino.

    (tú, yo, nosotros, mis padres, mi hermana)

3. Ya compró Luis otro paquete de maní.

    (tú, los niños, el policía, nosotros, yo)

4. Sufrí un ataque al corazón.

    (el paciente, los mellizos, yo, tú, ella)

B. Verbs with Spelling Changes in the Preterit

Certain types of verbs have spelling changes in the preterit, needed to keep the orthography and the sound (which is regular) in agreement.

1. **g** becomes **gu** before **e:**

   Pagar has the form **pagué** because **pagé* would represent the wrong sound. (The star before **pagé* means that this form does not occur.) Other verbs in the same category are **negar, jugar, rogar, pegar,** etc.

2. **c** becomes **qu** before **e:**

   Explicar has the form **expliqué** because **explicé* would represent the wrong sound. Other verbs in this category are **buscar, destacar, mascar, sacar,** etc.

3. **z** becomes **c** before **e:**

   Rezar has the form **recé.** This change is not a logical one, since **rezé* would sound the same. However, by tradition, the Spanish orthographic system avoids **z** before **e.** Other verbs in the same category are **alzar, calzar, cazar,** etc.

4. **gu** becomes **gü** before **e:**

   Averiguar has the form **averigüé** since **averigué* would represent the wrong sound. Other verbs in this category are **desaguar, apaciguar, santiguar, aguar,** etc.

5. Unaccented **i** becomes **y** between two vowels:

   Creer becomes **creyó** and **creyeron.** **Creió* and **creieron* have vowel combinations unacceptable in Spanish orthography. Notice that the other forms of such verbs have an accented **í.**

creer	caer	oír
creí	caí	oí
creíste	caíste	oíste
creyó	cayó	oyó
creímos	caímos	oímos
creísteis	caísteis	oísteis
creyeron	cayeron	oyeron

This happens with otherwise regular -er and -ir verbs whose stem ends in a vowel, such as **leer.**

6. The preterit forms of **ver** (and the other monosyllabic preterit forms, e.g., **di, dio, fui, fue,** etc.) take no accent marks on the first and third person singular endings.

Practice 14

Write the correct form of the preterit on scratch paper, then read over your responses. Some will show spelling changes; some will not. The second time, write your answers in the following spaces.

1. entregar   él   _____

2. entregar   yo   _____

3. aplicar   yo   _____

4. construir   yo   _____

5. construir   él   _____

6. construir   ellos   _____

7. creer   nosotros   _____

8. creer   ellos   _____

9. avanzar   yo   _____

10. averiguar   yo   _____

11. averiguar   ellos   _____

12. dirigir   yo   _____

13. masticar   yo   _____

14. masticar   tú   _____

15. ofrecer   nosotros   _____

16. caer   nosotros   _____

17. caer   tú   _____

18. caer   ellos   _____

19. acercar   yo   _____

20. seguir   yo   _____

21. cargar   yo   _____

22. ver   él   _____

23. ver   yo   _____

24. leer   ellos   _____

25. leer   tú   _____

26. incluir   él   _____

27. incluir   yo   _____

28. apagar   yo   _____

29. tocar   yo   _____

30. destruir   nosotros   _____

31. destruir   ellos   _____

32. empezar   yo   _____

33. crear   él   _____

C. Stem-Changing Verbs in the Preterit

Of the verbs whose stem vowels change in the present, only the -ir verbs also have a change in the preterit. Notice that the change occurs only in the third person forms.

dormir	sentir	pedir
dormí	sentí	pedí
dormiste	sentiste	pediste
durmió	**sintió**	**pidió**
dormimos	sentimos	pedimos
dormisteis	sentisteis	pedisteis
durmieron	**sintieron**	**pidieron**

Practice 15

Change the sentence from present to preterit so as to talk about what happened in the past. Orthographic and stem-changing verbs are mixed with regular verbs.

1. Se divierten leyendo y charlando.

2. Leen poemas románticos.

3. El problema no se resuelve fácilmente.

4. ¿A qué se refiere esta pregunta?

5. Ataco el problema con lógica.

6. Averiguo la respuesta después de contestar.

7. ¿Repites el ejercicio?

8. El alcalde sigue la política del gobernador.

9. Jamás duermo en esa clase.

10. No duermes bastante.

11. Cuelgo los cuadros en la sala.

12. Elijo ropa sencilla pero elegante.

13. La mona se viste de seda pero mona se queda.

14. No sirven pescado crudo.

15. Pido otra cerveza.

16. ¿Cuándo te despides de tu familia?

17. Me despido hoy por la tarde.

18. El perro ya no se mueve.

19. El perro muere de pulmonía.

20. Lo siento mucho.

D.   Irregular Verbs

1. Certain very common verbs (and their compounds) exhibit two types of irregularities in the preterit: a variant stem and a variant set of endings.

Example: **venir**   vin - **e**

vin - **iste**
vin - **o**
vin - **imos**
vin - **isteis**
vin - **ieron**

These endings are also found in the following verbs:

poder:	pud - *e*	estar:	estuv - *e*	producir:	produj - *e*
poner:	pus - *e*	**tener:**	tuv - *e*	**traer:**	traj - *e*
saber:	sup - *e*	**querer:**	quis - *e*		
andar:	anduv - *e*	**haber:**	hub - *e*		
caber:	cup - *e*	**decir:**	dij - *e*		

If the irregular stem ends in **j**, as in verbs such as **traer, decir, producir,** its compounds (**reproducir, contraproducir,** etc.), and other verbs which end in **-ducir,** the third person plural ending has no **i: dijeron, produjeron, trajeron.**

The preterit verb form of **hacer** takes the endings indicated above, and in the third person singular, there is also a spelling change.

hacer:	hic - *e*	hic - *imos*
	hic - *iste*	hic - *isteis*
	hiz - *o*	hic - *ieron*

2. **Ser** and **ir** have the same forms in the preterit: **fui, fuiste, fue, fuimos, fuisteis, fueron.**

3. The preterite forms of **dar: di, diste, dio, dimos, disteis, dieron.**

Practice 16

Repeat the sentence, changing the verb form to the preterit. Tell what happened in the past.

1. Pablo no trae dinero.

2. El negocio no produce mucho.

3. ¿Cómo sabe eso?

4. Deducen el dinero de mi cuenta.

5. ¿Vienes hoy?

6. No tengo tiempo.

7. ¿Tienes que terminar pronto?

8. No me dan tiempo de contestar.

9. Yo hago lo que hace mi padre.

10. Nunca le contradigo.

11. No pones atención.

12. Por fin puedo expresar mi idea.

13. Traduces mal esta frase.

14. ¿Qué haces allí?

15. Hay un incendio atroz en *Chinatown.*

16. ¿Qué dicen ustedes?

17. Sostienen opiniones heterodoxas.

18. Doy poco tiempo para contestar.

19. ¿No quieres oír el concierto?

20. Siempre traemos amigos.

21. No saben nada.

22. Pablo anda muy rápido.

23. Ya voy al laboratorio.

24. Mi abuelo es el director.

25. Mi gran danés no cabe en el *Volkswagen*.

26. No caben todos en el *Volkswagen*.

27. ¿Cuándo vienes?

28. Se van temprano de la fiesta.

29. Nunca están en el laboratorio.

30. ¿Dónde pongo mis cosas?

Practice 17

Regular and irregular verbs of all types are mixed. Continue to talk about the past.

1. Mis padres no me dan mucho dinero.

2. ¿Creen Uds. ese cuento imposible?

3. Pido más libertad.

4. El chico huye del control de sus padres.

5. No puedes negar la verdad.

6. Le explico el problema en detalle.

7. ¿Dónde pones la llave?

8. Soy independiente en mi trabajo.

9. Hay poca gente en la fiesta.

10. Ofrecemos gangas fantásticas.

11. La tecnología crea un mundo nuevo.

12. Introducen nuevas técnicas cada día.

13. Nacen nuevos negocios industriales.

14. Deslizo en el hielo.

15. Traemos ropa nueva.

16. Hoy vamos a ver la otra isla.

17. Coloco los libros en los anaqueles.

18. Hacemos muchos errores por estar nerviosos.

19. ¿Lees revistas de política?

20. Sé que conoces a Ramón.

21. Ella dice que el gobierno no miente.

22. No creo en supersticiones.

23. ¿Oyen la sirena de la policía?

24. Quieren preparar las cuentas.

25. Hoy averiguo la verdad.

26. Veo que aprenden mucho.

27. Llueve esta mañana.

28. Venimos a ayudarte para la fiesta.

29. ¿Te vistes de pirata o de bohemio?

30. Me visto de hombre de negocios.

31. ¿Dónde está Ud. todo el día?

32. Ando buscando casa.

33. ¿Pueden ustedes aguantar ese frío?

34. Sí pero nos ponemos toda la ropa posible.

35. A la mañana siguiente se sienten mejor.

36. ¿Te despides de los tíos ?

37. No, no hay tiempo.

38. ¿Qué construyen?

39. Hacen un parque público.

40. Es imposible usarlo.

Practice 18

(If you are learning Peninsular Spanish.) Change the verbs in the following sentences to the **vosotros** form. Remember, you are talking to more than one person.

1. ¿Fuiste a la playa?

2. ¿Te divertiste mucho?

3. ¿Llamaste anoche?

4. ¿A qué hora te levantaste?

5. ¿Comiste en casa?

6. ¿Te pusiste rojo como un tomate?

7. ¿Quisiste otra copita?

8. Pagaste las cuentas siempre.

9. ¿Leíste o dormiste?

10. Saludaste al vecino.

UNIT 2

Review of Verb Forms:

The Subjunctive and Command Forms

Huyendo del fuego dio en las brasas.

I. Present Subjunctive

A. Regular Forms

The stem of present subjunctive verb forms is the same as that of the **yo** form of the indicative for almost all verbs:

tener:	*(teng* - o)	teng - *a*	teng - *amos*
		teng - *as*	teng - *áis*
		teng - *a*	teng - *an*
tomar:	*(tom* - o)	tom - *e*	tom - *emos*
		tom - *es*	tom - *éis*
		tom - *e*	tom - *en*
pedir:	*(pid* - o)	pid - *a*	pid - *amos*
		pid - *as*	pid - *áis*
		pid - *a*	pid - *an*

The present subjunctive forms have **e** as the theme vowel for verbs of the -ar type, while the -er and -ir type take **a**.

B. Irregular Forms

Exceptions to this pattern are those whose indicative **yo** form does not end in -o.

dar:	(doy)	dé, des, dé, demos, deis, den
estar:	(estoy)	esté, estés, esté, estemos, estéis, estén
saber:	(sé)	sepa, sepas, sepa, sepamos, sepáis, sepan
ser:	(soy)	sea, seas, sea, seamos, seáis, sean
ir:	(voy)	vaya, vayas, vaya, vayamos, vayáis, vayan
haber:	(he)	haya, hayas, haya, hayamos, hayáis, hayan

Practice 1

Change the indicative construction to a subjunctive one by prefixing **Espero que...** to the sentence given. Talk about what you hope will happen.

MODELS: Van a la conferencia esta noche.

Espero que vayan a la conferencia esta noche.

No lo saben los profesores.

Espero que no lo sepan los profesores.

1. Julio no se queja mucho.

2. Le gusta esta cerveza.

3. No deben mucho dinero.

4. Conoces a montones de chicas bonitas.

5. No les dicen nada a mis padres.

6. No nos caemos del árbol.

7. Es mi jefe.

8. Están en casa.

9. Puedo convencer a mis amigos.

10. Esa tierra produce café.

11. Hay tiempo.

12. No ríen demasiado.

13. Dan muchos premios.

14. No nos ponemos mal después de comer los tacos.

C.   Stem Changes in the Present Subjunctive

Stem-changing verbs have the same changes in the present subjunctive as in the indicative:

cerrar:	cierr - *e*	cerr - *emos*
	cierr - *es*	cerr - *éis*
	cierr - *e*	cierr - *en*

-ir verbs with a stem change have an additional change in the **nosotros** and **vosotros** forms which they do not have in the indicative, but the theme vowel **a** and the person markers remain constant, as explained in Section A.

dormir:	duerma	**durmamos**	**sentir:**	sienta	**sintamos**
	duermas	**durmáis**		sientas	**sintáis**
	duerma	duerman		sienta	sientan
pedir:	pida	**pidamos**			
	pidas	**pidáis**			
	pida	pidan			

Notice that the **pedir** type, which changes **e > i**, has the same stem vowel in all six forms in this tense.

Practice 2

Change the sentence to agree with the new subjects given.

1. Es posible que Pablo muera pronto.

   (nosotros, tú, yo, vosotros, tú y yo)

2. Es dudoso que ellos sientan calor aquí.

   (yo, tú y tu papá, tú y yo, usted, vosotros)

3. Dudan que ustedes sirvan comida africana.

   (yo, nosotros, este restaurante, vosotros, tú)

Practice 3

Repeat the sentence in the **nosotros** form.

   MODEL: Es difícil que duerma aquí.
   Es difícil que durmamos aquí.

1. Basta con que cierren la puerta exterior.

2. Es necesario que se vista con elegancia.

3. No creen que pueda terminar eso.

4. Esperan que no sigas ese ejemplo.

5. Parece raro que vuelva a tal hora.

6. Quieren que consiga un buen empleo.

D.   Spelling Changes in the Present Subjunctive

Because the Spanish letters **c** and **g** represent one sound before **a**, **o**, and **u** and another before **i** and **e**, verbs whose stem ends in these letters must change their spelling in certain verb forms in order to reflect correctly their consistent pronunciation. Note the following spelling changes in the present subjunctive.

pagar:	*pague* (not *page)	**vencer:**	*venza* (not *venca)
explicar:	*explique* (not *explice)	**rezar:**	*rece* (not *reze [in this case, pronunciation is not affected])
dirigir:	*dirija* (not *diriga)	**averiguar:**	*averigüe* (not *averigue)
seguir:	*siga* (not *sigua)		

Practice 4

Write the appropriate form on scratch paper. Then, read it to see how it would sound. Remember to think (in Spanish) about what your sentence is saying.

1. Espero que no se (negar) a contestar.

2. Le pido que se (acercar) más al profesor.

3. Es imposible que nadie (vencer) en tal guerra.

4. Es necesario que la policía (averiguar) la verdad.

5. Es costumbre que se (rezar) por los difuntos.

6. Prefieren que tú y yo (buscar) otro empleo.

7. El profesor pide que tú (entregar) tus exámenes.

8. Es dudoso que David (seguir) toda la carrera.

9. A mi amigo no le gusta que los hombres lo (abrazar).

10. Es mejor que Ud. (colgar) las plantas en el patio.

11. Prefiero que los chicos no (tocar) los platos.

12. Ojalá que ustedes (conseguir) otro apartamento.

13. Es mejor que el grupo te (exigir) tu cooperación.

Practice 5

Verbs with spelling changes are mixed with stem-changing and irregular verbs in this exercise. Write the appropriate form on scratch paper. Then, read it to see how it would sound. Remember to think (in Spanish) about what your sentence is saying.

1. Espero que tu mamá (sentirse) mejor hoy.
2. Cuando nosotros (morirse), ¿a dónde iremos?
3. ¡Por favor, señorita, no (moverse)!
4. No creo que los muchachos te (oír).
5. Es necesario que ustedes (empezar) en seguida.
6. Es mejor que ellos (pagar) en persona.
7. Dudo que (haber) otro hombre como tú.
8. Ojalá que el niño no (caerse).
9. El policía le manda que (detenerse).
10. Nos lleva al aeropuerto para que (despedirse).
11. No (negar) usted eso.
12. ¿Es posible que la economía (avanzar) tanto como la técnica?
13. Antes de que (dormirse), tú debes limpiar la cocina.
14. El ladrón entra sin que nadie lo (saber).
15. Aunque no lo (parecer), Julio es de familia china.
16. ¿Dónde me dice Ud. que (poner) estos paquetes?
17. En cuanto (llegar) Juana, todos irán a saludarla.
18. Quiero que Ud. me (explicar) la moraleja de este cuento.
19. Espero que no te (ir) tan pronto.
20. Al juez no le parece que Judas (merecer) esa sentencia.
21. Piden que nosotros (vestirse) de payasos.
22. No (tocar) usted esos alambres eléctricos.
23. ¿Crees que el anillo (valer) mil dólares?
24. Quiero que ustedes (entregar) sus temas mañana.
25. No (ser) Ud. tan tímido.
26. Ojalá que Inés y yo (conseguir) el contrato.
27. Será mejor que ustedes (dirigirse) a la comisaría.

II. Imperfect Subjunctive

The forms of this tense can be learned most conveniently by relating them to the preterit. Any irregularity found in the preterit is also found in the imperfect subjunctive. The third person plural is the form to be used as a referent.

tener	3rd pl. pret.	= **tuvier-on**
	Imperfect subj.	= **tuvier-a, tuvier-as, tuvier-a, tuviér-amos, tuvier-ais, tuvier-an**
dormir	3rd pl. pret.	= **durmier-on**
	Imperfect subj.	= **durmier-a, durmier-as, durmier-a, durmiér-amos, durmier-ais, durmier-an**
pasar	3rd pl. pret.	= **pasar-on**
	Imperfect subj.	= **pasar-a, pasar-as, pasar-a, pasár-amos, pasar-ais, pasaran**

For the alternative imperfect subjunctive form, the endings have the syllable **se** instead of **ra**: **tuviese, tuvieses, tuviese, durmiese, durmieses, durmiésemos, pasase, pasásemos,** etc.

Practice 6

Repeat the following sentences using the imperfect subjunctive of the verb given in parentheses. Think about what you are saying.

MODEL: Pedían que ustedes no (dormir) en la biblioteca.
Pedían que ustedes no durmieran en la biblioteca.

1. Parecía probable que todos nosotros (caerse).

2. No creía que esa clase me (convenir).

3. No convenía que tú (negar) haber ido.

4. Te ayudé para que tu trabajo (ser) menos penoso.

5. Si (estar) presente tu papá, no hablarías así.

6. Si ustedes no (proponer) buenos candidatos, ganaría el otro partido.

7. Si (caber), mil personas vendrían a ver el juego.

8. Antes que los ladrones (conseguir) abrir la puerta, llegó la policía.

9. Si no me (sentir) tan mal, los acompañaría.

10. Parecía imposible que Romeo (vivir) sin Julieta.

11. Si no (haber) tantos verbos irregulares, yo no sufriría tanto con ellos.

12. Para que la audiencia (reírse) el cómico hacía payasadas.

13. Me sorprendió que Pedro (andar) con tales gentes.

14. Por mucho que nosotros (querer) engañar al viejo, él era más listo.

Practice 7

Change the **tú** form to the **vosotros** form in the following sentences. Imagine that you are talking to a couple of Spanish friends.

1. Si tuvieras tiempo, nos quedaríamos para charlar.

2. El vecino pidió que bajes el volumen a la música.

3. Debieras pensar más en el futuro.

4. Sería mejor que no comieras tanto.

5. Quisiera que vinieras más temprano.

Practice 8

Change the **ustedes** forms to **vosotros** forms. Again, you are talking to your Spanish friends.

1. Quiero que se levanten temprano.

2. Es bueno que se vistan con calma.

3. Pido que vayan directamente a la cafetería.

4. Prefiero que coman bien.

5. Es bueno que lean el periódico mientras comen.

6. Espero que no se duerman en sus clases.

7. Deseo que se sientan bien.

8. Espero que no se mueran de calor.

9. Prefiero que vuelvan a casa a buena hora.

10. Confío que piensen en lo que digo.

III. Command Forms

A. *Usted* Commands

Tenga usted cuidado con esto. Es para su padre.

Lléveselo hoy sin falta pero **no le diga** quién se lo dio.

The verb forms used for commands with **usted** or **ustedes** as subjects are present subjunctives. There is no distinction in form between negative and affirmative commands except for the placement of the object pronouns, which go after and are attached to affirmative commands.

Practice 9

Order people to do the opposite of what they are reported to be doing. Follow the example.

MODELS: Los niños caminan por la calle.
Niños, no caminen por la calle.

Las chicas llegan tarde a casa.
Chicas, no lleguen tarde a casa.

1. El profesor olvida el libro.

2. El profesor no corrige los ejercicios.

3. El profesor comete muchos errores.

4. El profesor no nos dice qué vamos a hacer.

5. El profesor nos da muchas tareas.

6. El profesor no termina la clase a tiempo.

7. El profesor prefiere a los estudiantes más inteligentes.

8. El profesor habla mucho en clase.

9. El profesor no deja hablar a los estudiantes.

10. El profesor dice "muy bien, muy bien" todo el tiempo.

Practice 10

Use **usted** commands in answering these questions. Use object pronouns. Follow the models.

MODELS: ¿Compro el vino? (No)
No, no lo compre.

¿Tomo esta medicina? (Sí)
Sí, tómela (usted).

1. ¿Doctor, cierro la puerta? (No)

2. ¿Doctor, traigo el termómetro? (Sí)

3. ¿Doctor, le tomo la temperatura al enfermo? (Sí)

4. ¿Le quito los zapatos al enfermo? (Sí)

5. ¿Acuesto al enfermo? (No)

6. ¿Le doy la pastilla al enfermo? (No)

7. ¿Le sacamos una radiografía? (No)

8. ¿Le aplicamos la inyección? (No)

9. ¿Llamo a la otra enfermera? (Sí)

10. ¿Dejamos solo al enfermo? (Sí) Commands

B.   *Tú* Commands

Ten cuidado con esto. Es para tu padre.

Llévaselo hoy sin falta pero **no le digas** quién te lo dio.

The verb forms used for commands with **tú** as subject are not the same for affirmative and negative commands. Negative commands are present subjunctive forms. Affirmative commands are a special set of forms called the imperative. They are identical with the third person singular of the present indicative, with the exception of eight shortened forms.

IMPERATIVES

tomar:	toma	Toma este dinero.
comer:	come	Cómete las espinacas.
pedir:	pide	Pide permiso a tus padres.

Shortened Forms

decir:	di	Dime lo que quieres.
hacer:	haz	Hazme un favor.
ir:	ve	Ve a casa.
poner:	pon	Ponte los zapatos.
salir:	sal	Sal de aquí.
ser:	sé	Sé bueno.
tener:	ten	Ten cuidado.
venir:	ven	Ven acá.

Practice 11

Using the tú command forms tell the person referred to in the sentence to do what he is said not to be doing.

MODELS: Ramón no se levanta temprano.
Ramón, levántate temprano.

Rosita no toma su leche.
Rosita, toma tu leche.

1. Ramón no irá a la escuela.

2. Rosita no lava los platos.

3. Ramón no dice la verdad.

4. Rosita no hace su cama.

5. Ramón no juega con Pedro.

6. Rosita no sigue tus consejos.

7. Ramón no tiene paciencia.

8. Ramón no pone los libros en la mesa.

9. Rosita no se pone los zapatos.

10. Ramón no se lava las orejas.

11. Rosita no es paciente con su hermano.

12. Rosita no se sienta derecha.

13. Ramón no viene a visitarte.

14. Rosita no sale de su cuarto.

15. Ramón no se peina.

Practice 12

Using the **tú** command forms, tell Pedro not to do what he is said to be doing.

MODELS: Pedro habla todo el tiempo.
Pedro, no hables todo el tiempo.

Pedro se pone esa chaqueta vieja.
Pedro, no te pongas esa chaqueta vieja.

1. Pedro se come todo el pastel.

2. Pedro me hace perder la paciencia.

3. Pedro deja su cuarto en desorden.

4. Pedro sale a la calle sin camisa.

5. Pedro dice mentiras.

6. Pedro va a la escuela sin prepararse.

7. Pedro nos hace esperar.

8. Pedro toma más cerveza de la que debe.

9. Pedro va a visitar a su abuela.

10. Pedro viene a clase todos los días.

Practice 13

Respond to the following questions with a **tú** command according to the clue given in parentheses. Use pronouns when possible.

MODELS: ¿Compro el periódico? (Sí)
Sí, cómpralo (por favor).

¿Puedo ir de compras hoy? (No)
No, no vayas hoy.

1. ¿Pongo las noticias en el radio? (Sí)

2. ¿Debo levantarme temprano? (No)

3. ¿Tengo que terminar este ejercicio ahora? (No, más tarde)

4. ¿Preparo el desayuno? (Sí)

5. ¿Quieres que te sirva el café? (Sí)

6. ¿Te traigo el periódico? (Sí)

7. ¿Le doy de comer al perro ahora? (Ahora no, esta noche sí)

8. ¿Contesto el teléfono? (Sí)

9. Es tu amigo José. ¿Qué le digo? (Nada).

10. ¿Quieres que vaya al centro contigo hoy? (Sí... Answer using venir.)

11. ¿Pago las cuentas hoy? (No, mañana)

12. ¿Voy contigo o voy con José? (con José)

13. ¿Hago este trabajo aquí? (No)

14. ¿Traduzco estas frases? (No)

15. ¿Pongo el libro en el estante? (Sí)

Practice 14

Answer the question with a command followed by **tú**. Study the models.

MODELS: ¿Quién va a comprar las cervezas?
Cómpralas tú.

¿Quiéres que él sirva las cervezas?
No, sírvelas tú.

1. ¿Quién va a mandar las invitaciones?

2. ¿Quién va a invitar a tu padre?

3. ¿Quieres que él pida la cuenta?

4. ¿Quién va a usar el coche?

5. ¿Quieres que yo siga a Ramón?

6. ¿Quieres que Ramón comience el partido?

7. ¿Quién va a escribirles la carta a los invitados?

8. ¿Quieres que mamá te compre la camisa?

9. ¿Quién va a darles la noticia?

10. ¿Quieres que Ramón salga primero?

11. ¿Quieres que Ramón haga la cama?

12. ¿Quieres que Ramón les explique la lección a Uds.?

13. ¿Quién va a traer todos los paquetes?

14. ¿Quieres que yo organice la reunión?

15. ¿Quieres que yo conduzca la reunión?

C. Indirect Commands

1. —Don Luis, hay un señor aquí que quiere hablarle.
   Don Luis, there is a man here who wants to speak to you.

   —Pues, que vuelva dentro de una hora. Estoy muy ocupado ahora.
   Well, have him come back in an hour. I'm too busy now.

2. —Mira, hijo, que no te vea otra vez fumando o se lo digo a tu papá.
   Look, son, don't let me see you smoking again or I'll tell your dad.

Sentences beginning with **que** and with the verb in the present subjunctive are used as indirect commands. They are called indirect commands because typically they are given to one person but are to be carried out by someone else.

Practice 15

Practice shirking responsibility. Get Felipe to do things instead of you. Follow the models.

MODELS: ¿Quién va a esperar a las chicas, tú o Felipe?
Que las espere Felipe.

¿Quién compra la cerveza, tú o Felipe?
Que la compre Felipe.

1. ¿Quién les dará la noticia de la fiesta, tú o Felipe?

2. ¿Quién va a traer a las chicas, tú o Felipe?

3. ¿Quién manejará el coche, tú o Felipe?

4. ¿Quién va a pagar la gasolina, tú o Felipe?

5. ¿Quién va a sacar el dinero del banco, tú o Felipe?

6. ¿Quién va a tocar la guitarra, tú o Felipe?

7. ¿Quién le dirá a mamá lo de la fiesta, tú o Felipe?

8. ¿Quién va a servir las bebidas, tú o Felipe?

9. ¿Quién va a limpiar después de la fiesta, tú o Felipe?

10. ¿Quién va a hacer todo el trabajo, tú o Felipe?

D. *Nosotros* Commands or Let's + Verb

1. —Hablemos de otra cosa.
    Let's talk about something else.

2. —Vamos a hablar de otra cosa.
    Let's talk about something else, or, We're going to talk about something else.

3. —Sentémonos aqui en la última fila.
    Let's sit here in the last row.

4. —No nos quedemos aquí.
    Let's not stay here.

5. —No vamos a quedarnos aquí.
    We aren't going to stay here.

6. —Vámonos. Vamos al cine.
    Let's go. Let's go to the movies.

7. —Digámoselo = Digamos + se + lo.
    Let's tell him so.

The meaning of English "Let's do something" is expressed in Spanish either by **vamos a** plus an infinitive, or by the **nosotros** form of the present subjunctive. The context is normally sufficient to show whether **Vamos a hablar** means "Let's talk," or, "We are going to talk." In the negative, only the subjunctive (not the **vamos** a variant) is used.

Vamos and **vámonos** are the forms of **ir**, and **vayamos** is not used in this meaning. (**Vamos** was a subjunctive form in Old Spanish.)

Object pronouns are placed as with other commands. However, before **nos** or **se**, the final **s** is dropped (examples 3 and 7).

Practice 16

Practice the "Let's + verb" construction following the models given. Be a leader and decide what we should do.

MODELS: ¿Hacemos los ejercicios? (Sí, No)
Sí, hagámoslos.
No, no los hagamos.

Hagamos los ejercicios ahora. (Está bién)
Está bién, hagámoslos.

Hagamos los ejercicios ahora. (No)
No, no los hagamos.

Vamos a hacer los ejercicios. (Sí/No)
Sí, hagámoslos.
No, no los hagamos.

1. ¿Entramos? (Sí)

2. ¿Subimos a pie al tercer piso? (No)

3. ¿Les prestamos el dinero? (Sí)

4. Vamos a comer. (Está bién)

5. Terminemos esta lección. (Está bien)

6. Vamos a sentarnos aquí. (No)

7. ¿Nos sentamos allá? (Sí)

8. Dejemos a los novios solos. (Sí)

9. Contestemos estas preguntas. (No)

10. Vámonos ya. (No)

11. ¿Salimos de aquí? (Está bien)

12. Entremos a ese bar. (No)

13. ¿Los convencemos de su error? (Sí)

14. ¿Nos levantamos mañana temprano? (Sí)

15. Almorcemos aquí, ¿quieres? (Sí)

Practice 17

Translate the following expressions. Give two versions for the affirmative ones.

1. Let's talk to the girls.

2. Let's buy some ice cream.

3. Let's eat.

4. Let's not go yet.

5. Let's see.

6. Let's give it to them (it = la carta).

7. Let's not sit down.

8. Let's not give it to them (it = el dinero).

9. Let's not do it now.

10. Let's get up early tomorrow.

E.   *Vosotros* **Commands**

1. —No digáis más.
   Don't say anymore.

2. —Decid siempre la verdad (o casi siempre).
   Always tell the truth (or almost always).

3. —Sentaos aquí a mi lado.
   Sit here by my side.

4. —No os levantéis tan tarde.
   Don't get up so late.

5. —Idos y no volváis más.
   Go away and don't come back again.

In the standard Castilian dialect, the plural of **tú** is vosotros. The corresponding negative commands are the **vosotros** forms of the present subjunctive. The affirmative command or imperative is formed by replacing the -r of the infinitive with **a d.**

comer	>	comed
hablar	>	hablad
ir	>	id

When **os** is added, in reflexive verbs, this **-d** is dropped, except in the verb **id (< ir).**

Practice 18

Change these **ustedes** commands to **vosotros** forms. Follow the models and talk to your Spanish teenagers.

MODELS: Terminen a las seis.
         Terminad a las seis.

         No vuelvan tan tarde.
         No volváis tan tarde.

         Acuéstense temprano.
         Acostaos temprano.

1. No caminen por la carretera.

2. Traigan esos cassetes.

3. Limpien la grabadora.

4. No derramen vino en la alfombra.

5. Bailen con todas las chicas.

6. No manejen si han tomado.

7. Apaguen las luces al salir.

8. No se olviden de dar las gracias.

9. Pongan todas las botellas vacías en la basura.

10. Traten de no hacer tanto ruido.

11. Tengan cuidado con el dinero.

12. Sean bondadosos con sus hermanos.

13. Salgan por la puerta principal.

14. Lávense las manos.

UNIT 3

Review of Verb Forms:
Future, Conditional, Compound Tenses, and Gerund

Júntate con los buenos y serás uno de ellos.

I. Future Tense

A.   Regular Verbs

Regular future verbs are formed in all conjugations by adding a set of endings to the infinitive:

(yo)		(tú)		(él, ella, Ud.)	
hablar-		hablar-		hablar-	
comer- } -é		comer- } -ás		comer- } -á	
subir-		subir-		subir-	
(nosotros)		(vosotros)		(ellos, ellas, Uds.)	
hablar-		hablar-		hablar-	
comer- } -emos		comer- } -éis		comer- } -án	
subir-		subir-		subir-	

Practice 1

Modify the sentence to correspond with the new subject provided.

1. Mañana comeremos pollo frito.

   (yo, ustedes, tú, La Pachacha, David y yo)

2. No empezarás a trabajar hasta el verano.

   (yo, nosotros, mis hijos, el director, tú)

B.   Irregular Verbs

A number of verbs have shortened or otherwise modified stems in the future:

tener:	tendr-**é, ás, á, emos, éis, án**
saber:	sabr-**é**
venir:	vendr-**é**
caber:	cabr-**é**
poner:	pondr-**é**
poder:	podr-é
valer:	valdr-**é**
salir:	saldr-**é**
haber:	habr-**é**
decir:	dir-**é**
hacer:	har-**é**
querer:	querr-**é**

Practice 2

Reply in the future, as in the models. Everything will happen tomorrow. Use a **tú** form to reply to first person questions. Use other persons when they are appropriate.

MODELS: ¿Voy a verte esta tarde?

No, pero me verás mañana.

¿Vas a saber estos verbos hoy?

No, pero los sabré mañana.

1. ¿Me lo vas a decir ahora?

2. ¿Van ustedes a detener el tren esta noche?

3. ¿Va a haber mucha gente hoy?

4. ¿Vamos a ser perezosos hoy tú y yo?

5. ¿Va a venir hoy tu compañero?

6. ¿Vas a perder todo tu dinero hoy?

7. ¿Vale mucho dinero tu casa hoy?

8. ¿Vamos a hacer el trabajo hoy ?

9. ¿Voy a tener tiempo para todo?

10. ¿Vas a salir esta noche?

11. ¿Van a concedernos el permiso hoy?

12. ¿Vamos a querer estudiar esta noche tú y yo?

13. ¿Van a oponerse tus padres a que salgamos hoy?

14. ¿Deben ustedes devolver esas cosas ahora?

15. ¿Vamos a saber hoy tu respuesta?

16. ¿Me conviene callarme ahora?

17. ¿Hay tiempo de terminar hoy?

18. ¿Te pones hoy el traje nuevo?

19. ¿Podemos salir juntos tú y yo?

Practice 3

Talk to your Spanish friends. Change from **ustedes** forms to **vosotros** forms.

1. ¿Cuándo terminarán ustedes esta sección?

2. ¿Aprenderán algo de valor?

3. ¿Tendrán ganas de hacer otra cosa?

4. ¿Cabrán todos ustedes en mi Toyota?

5. ¿Recordarán estas formas con tan poca práctica?

II. The Conditional

The stem in the conditional is the same as that in the future tense.

escribir	tener
escribir-*ía*	tendr-*ía*
escribir-*ías*	tendr-*ías*
escribir-*ía*	tendr-*ía*
escribir-*íamos*	tendr-*íamos*
escribir-*íais*	tendr-*íais*
escribir-*ían*	tendr-*ían*

Practice 4

Transform the following sentences to express contrary-to-fact conditions by changing the first verb to the conditional and the second to the imperfect subjunctive. You are going to talk about what would happen if the conditions were right.

MODELS: Vamos a la playa hoy si podemos.
            Iríamos a la playa hoy si pudiéramos.

            Salen de noche si les permiten.
            Saldrían de noche si les permitieran.

1. No puedo trabajar este año si quiero graduarme en junio.

2. Caben tres sillas aquí si sacamos esa mesa.

3. Digo la verdad si la sé.

4. Se oponen a nuestros planes si no les pedimos permiso.

5. Hay más tiempo para estudiar si uno no vive lejos de la universidad.

6. Vale más esta tierra si hay agua cerca.

7. No riego las plantas si llueve.

8. No podemos estudiar si escuchamos música popular.

9. Quieres ver esa película si la pasan de día.

10. No me gusta bañarme si hay muchos chicos en el agua.

11. Hace mucho calor si no hace viento.

III. The Past Participle

Regular past participles are formed by adding **-ado** to **-ar** verbs and **-ido** to **-er** and **-ir** verbs:

   tomar: tomado; comer: comido; salir: salido.

The following have irregular forms:

abrir:	abierto	**morir:**	muerto
cubrir:	cubierto	**poner:**	puesto
decir:	dicho	**romper:**	roto
escribir:	escrito	**ver:**	visto
freír:	frito (freído)	**volver:**	vuelto
hacer:	hecho		

Practice 5

Answer the question by saying that the action asked about is already done. Remember to make the participle agree with the subject.

MODELS: ¿Cuándo se terminarán los ejercicios?
       Ya están terminados.

       ¿Piensas abrir el regalo ahora?
       Ya está abierto.

1. ¿Van a sacar las fotografías?

2. ¿Se descubrirá alguna técnica para convertir en electricidad la energía del sol?

3. ¿Piensas freír las papas?

4. ¿Morirán los abuelos sin ver a sus bisnietos?

5. ¿Te acordarás de cerrar la puerta con llave?

6. ¿Compondrá la clase de música una sinfonía pastoral?

7. ¿Sabes contestar la pregunta número 6?

8. ¿Pusiste en la pared el nuevo mapa del mundo?

9. ¿Se dormirán pronto los niños?

10. ¿Sabrá el presidente prever el desastre del SIDA en su país?

11. ¿Podremos pedir los platos que queremos?

12. ¿Piensas devolver los libros que sacaste?

13. ¿Hay que cubrir los muebles?

14. ¿No vas a vestir a la niña?

IV. Compound Tenses

A. Present Perfect

The past participle is used with forms of the verb **haber** in the various compound tenses. Notice that in these constructions the participle always ends in -o.

he tomado	hemos tomado
has tomado	habéis tomado
ha tomado	han tomado

Practice 6

Change the sentence to the present perfect. Think about things which have happened.

MODEL: Tienes que matar las cucarachas.
            Has tenido que matar las cucarachas.

1. Nos invitan a cenar el sábado.

2. Abro una cuenta en el banco.

3. No hacemos nada hoy.

4. Julio nunca oye música clásica.

5. Les escribo cartas a todos mis amigos.

6. Siempre sirven alimentos exóticos.

7. No seguimos sus indicaciones.

8. Rompes todos los platos nuevos.

9. Los soldados no vuelven del extranjero.

B.   Pluperfect

había cubierto	habíamos cubierto
habías cubierto	habíais cubierto
había cubierto	habían cubierto

Practice 7

Change the sentence to the pluperfect. Talk about things which had happened already before a particular moment in the past.

MODEL: A las dos terminó el proyecto.

A las dos había terminado el proyecto.

1. Antes de los diez años yo vi mucho del mundo.

2. Antes de mi regreso se puso el sol.

3. Me dieron papas que no se frieron bien.

4. En realidad se descubrió el Nuevo Mundo antes de 1492.

5. Las palmeras crecieron mucho desde mi infancia.

6. Nos morimos pero no fuimos al cielo.

7. Pecaste mucho, ¿verdad?

8. No, jamás rompí un mandamiento.

9. Pues algo muy malo hicieron ustedes.

C.   Future Perfect

me habré cansado	nos habremos cansado
te habrás cansado	os habréis cansado
se habrá cansado	se habrán cansado

In addition to its literal meaning, the future perfect is commonly used to express what probably occurred in the past.

Practice 8

Change the sentences to express probability in the past using the future perfect. Talk about things which probably happened or must have happened. Eliminate the word **probablemente**.

MODELS: Probablemente hubo varios accidentes.
Habrá habido varios accidentes.

Probablemente te dijeron un montón de mentiras.
Te habrán dicho un montón de mentiras.

1. Probablemente no les gustó la idea.
2. Probablemente leímos eso antes.
3. Probablemente dejé mis libros en casa de mi novia.
4. Cristóbal Colón probablemente fue un niño descontento.
5. Ustedes probablemente oyeron ese disco ya.
6. Probablemente te moriste de risa.
7. Charlie Chaplin probablemente hizo veinte películas o más.
8. Probablemente dije algo ofensivo sin darme cuenta.

D. Conditional Perfect

habría vuelto	habríamos vuelto
habrías vuelto	habríais vuelto
habría vuelto	habrían vuelto

These forms talk about what would have happened under certain conditions.

Practice 9

Finish the second sentence by saying that the person would have done the action asked about. See the models.

MODELS: ¿Devolvieron ustedes esos libros? (No, pero si hubiéramos tenido tiempo...)

No, pero si hubieramos tenido tiempo los habríamos devuelto.

¿Se quejó tu papá? (No, pero si hubiera sabido la verdad...)

No, pero si hubiera sabido la verdad se habría quejado.

1. ¿Escribiste al presidente? (No, pero si hubiera tenido tiempo...)

2. ¿Hizo frío ayer? (No, pero si no hubiera llovido...)

3. ¿Fueron ustedes a la tertulia? (No, pero si no hubiéramos tenido examen hoy...)

4. ¿El relojero te compuso el reloj? (No, pero si le hubiera pagado...)

5. ¿Fue difícil el ejercicio? (No, pero si no me hubieran ayudado...)

E.   Present Perfect Subjunctive

haya sabido	hayamos sabido
hayas sabido	hayáis sabido
haya sabido	hayan sabido

Use this tense in dependent clauses as equivalent to the preterit or present perfect indicative after a main clause in the present: **Es probable que haya llegado ayer.** *(It is probable that he got in yesterday.)*

Practice 10

Answer the question by completing the incomplete answer provided. See the model.

MODEL: ¿Fueron tus padres al concierto de anoche?

No, no creo... No, no creo que hayan ido.

1. ¿Hemos establecido una paz permanente? No, no es posible...

2. ¿Comenzó Alejandro por fin la construcción de su casa? No sé. Espero que...

3. ¿Murió en el accidente el otro hermano también? Ojalá que no...

4. ¿Se rompió la ventanilla en el choque? No, no creo que...

5. ¿Hemos dicho algo para disgustar al jefe? Es posible que... algo así.

6. ¿Crees que el culpable fui yo? No, no creo que... tú.

7. ¿Qué hicieron los chicos fuera de ver televisión? No me parece que... nada.

8. ¿Leyó el profesor tu composición? No, no es posible que la...

9. ¿Crees que ya llegaron todos los invitados? Sí, espero que...

10. ¿Temes que se despierten los niños con el ruido? Sí, pero espero que no se...

F. Pluperfect Subjunctive

hubiera acabado	hubiéramos acabado
hubieras acabado	hubierais acabado
hubiera acabado	hubieran acabado

Use this tense as the subjunctive equivalent of the pluperfect indicative or conditional perfect.

Practice 11

Use the pluperfect with **ojalá** to wish that the thing referred to had not happened.

MODEL: El presidente fue asesinado en Dallas.
Ojalá que no hubiera sido asesinado.

1. Llovió el día del Rose Bowl.

2. Se acabó el vino.

3. Volvieron anoche tus padres.

4. Tu abuela se puso un bikini mínimo.

5. Freímos el arroz en lugar de hervirlo.

6. Cubrimos la mesa con resina.

7. ¡Anoche hizo tanto viento!

8. Decidí no estudiar latín.

9. No le dijimos la verdad.

10. No acabé el ejercicio.

General Practice on Compound Tenses

(To be done with books open.)

Complete the sentence by changing the infinitive to the form needed to express the idea given in English.

MODEL: Nosotros apenas (empezar).

We have just started.

Nosotros apenas hemos empezado.

1. Ustedes podrán descansar después de que (terminar).

   You will be able to relax after you have finished.

2. ¿Dónde (tú form of vivir) antes de venir aquí?

   Where had you lived before coming here?

3. Si John Kennedy no (ser) asesinado habría ganado otra elección.

   If John Kennedy had not been assasinated, he would have won another election.

4. Yo nunca (manejar) un Cadillac.

   I have never driven a Cadillac.

5. (future perfect of llover) mucho anoche, según parece.

   It must have rained a lot last night from the looks of things.

6. ¿(tú form of quejarse) si te hubieran pagado a tiempo?

   Would you have complained if they had paid you on time ?

7. (haber) muy pocas fiestas este año.

   There have been very few parties this year.

8. Nosotros (plantar) varios papayos pero sólo creció uno.

   We had planted several papaya trees, but only one grew.

9. Parece imposible que esos muchachos nunca (pres. perf. subj. of ver) una vaca.

   It seems impossible that these boys have never seen a cow.

10. Es que ellos jamás (salir) de la ciudad.

    It is because they never had gone out of the city.

11. Antes de regresar todos (ver) muchas cosas nuevas.

    Before they return they all will have seen many new things.

Practice 12

Vosotros forms in the compound tenses. Change the sentence from the **ustedes** to the **vosotros** form. Talk to your Spanish friends.

1. ¿Qué han hecho ustedes?

2. Si hubieran estado aquí, habrían conocido a la nueva esposa de José.

3. ¿Habían ido a la biblioteca?

4. Espero que no hayan perdido la tarde.

5. Habrán pasado la noche charlando.

6. ¿Han visto ustedes la película *Lo que el viento se llevó?*

7. La habrán visto hace años.

V. Gerund (*–ndo* Form)

A. Regular forms: **tomando, comiendo, viviendo**

B. Stem-changing forms—No change in **-ar** and **-er** verbs, only in the **-ir** group: **sentir:** sintiendo; **morir:** muriendo; **pedir:** pidiendo

C. Irregulars and orthographic changes: **destruir:** destruyendo; **huir:** huyendo; **oír:** oyendo; **ir:** yendo; **leer:** leyendo; **decir:** diciendo; **poder:** pudiendo; **reir:** riendo; **venir:** viniendo

Practice 13

Change the verb to a progressive form as in the model.

MODEL: El árbol se muere poco a poco.

            El árbol se está muriendo poco a poco.

1. Mamá no te dice una mentira.

2. Ahora los obreros piden más sueldo y menos trabajo.

3. Leo un ejercicio interesantísimo.

4. Llueve mucho este año.

5. Los niños duermen como unos santos.

6. Busco la perfección.

7. ¿No me oyen?

8. ¿Por qué se ríen?

Practice 14

The idea *by doing something* is expressed in Spanish with the **-ndo** form, not with the preposition **por**. Answer the following questions about how you do something by using that form of the verb provided in parentheses, as in the model.

MODELS: ¿Cómo se expresa la idea *by using?* (usar el gerundio)
Se expresa usando el gerundio.

¿Cómo se prepara este plato? (seguir la receta)
Se prepara siguiendo la receta.

1. ¿Cómo se reacciona al oír un buen chiste? (reír)

2. ¿Cómo se aprende a tocar la guitarra? (practicar)

3. ¿Cómo pasan el tiempo los adolescentes? (oír música popular o ver televisión)

4. ¿Cómo se puede comprar un billete? (venir muy temprano)

5. ¿Cómo se forma una sociedad enteramente nueva? (destruir la vieja)

6. ¿Cómo celebran la Navidad en los EE.UU.? (darse regalos)

7. ¿Cómo recobra uno sus fuerzas? (dormir)

8. ¿Cómo evitas que tu papá se enoje? (pedir permiso y volver temprano a casa)

9. ¿Cómo se aprende español? (estudiar, pensar y hablar en español)

10. ¿Cómo procura mantener la paz la ONU? (servir de canal de comunicación entre los países)

11. ¿Cómo llaman la atención algunas personas? (vestirse con ropa rara)

UNIT 4

* *

Ser, Estar, and *Haber (Hay)*

No es oro todo lo que reluce.

I. With –*ndo* Forms

Of these three verbs (**ser**, **estar**, and **haber**), only **estar** is used with -ndo forms:

Estoy estudiando español.

Practice 1

Answer the question by using an -**ndo** form to say that the action is going on now.

MODEL: ¿Llueve mucho en Seattle?

Sí, está lloviendo ahora.

1. ¿Habla usted español?

2. ¿Toma vodka el profesor ruso?

3. ¿Practica usted mucho el español?

4. ¿Se fija usted en los usos de estar?

II. Location of Entities vs. Location of Events

Estar is used in telling where something is located:

Honolulu está en Hawai.

However, sentences telling where some kind of event (a concert, a class, a dance, a game, etc.) is being held or taking place use **ser**:

¿Dónde es el baile?

Practice 2

Use the present tense of **ser** or **estar** appropriately in the blank.

1. Yo _____ leyendo un ejercicio sobre ser y estar.

2. Usted no _____ conmigo.

3. El salón de actos _____ en el otro edificio.

4. El partido con Stanford _____ en el estadio municipal.

5. ¿Y dónde _____ el baile después?

6. Mis padres no _____ aquí.

7. ¿Dónde _____ los Juegos Olímpicos la próxima vez?

8. El Mar Muerto _____ en Israel.

9. _____ haciendo mucho viento.

10. ¿El concierto de música flamenca _____ aquí?

11. Pues, ¿dónde _____ los guitarristas?

12. Todos _____ en el baile del club español.

13. _____ charlando con las chicas.

III. *Haber* for Existence

The use of **haber** in the third person singular (**hay** in the present indicative) to speak of the existence of something should not be confused with the use of **estar** to speak of location explained above:

Hay tres hoteles en esta ciudad. Todos *están* en esta calle.

Practice 3

Select **hay** or a form of **estar** to use in the following sentences.

1. ¿Dónde _____ un buen hotel?

2. ¿En qué calle _____?

3. No _____ nadie aquí.

4. _____ olas grandes en el norte durante el invierno.

5. _____ tres botellas en la mesa.

6. ¿Dónde _____ la otra botella?

7. _____ en mi mano.

8. Pero no _____ nada adentro.

9. ¿Dónde _____ el vino?

10. _____ dentro de mi barriga.

11. Ahora no _____ más que aire en la botella.

12. El aire _____ en la botella.

13. _____ aire también en su barriga?

IV. *Estar* with Certain Adjectives

Certain adjectives and phrases are used only with **estar**, not with **ser**. The next exercise constitutes a list of some of the most common ones.

Practice 4

Answer as in the model using **estar**. Be sure you think of the meaning by picturing the situation in your mind.

MODEL: ¿Hallaste vacío el restaurante nuevo?   (Estar vacío...)
         Sí, está vacío.

1. ¿La botella mágica siempre está llena de vino? (Estar llena de...)

2. ¿Está harta de comer la niña? (Estar harto de...)

3. ¿Y los chicos se encuentran contentos en la playa? (Estar contento...)

4. ¿Las monjas se pusieron de rodillas en la iglesia? (Estar de rodillas...)

5. ¿Parece que la mesera trabaja de pie todo el día? (Estar de pie...)

6. ¿Después que el viejo perdió su trabajo se encuentra de vacaciones siempre? (Estar de vacaciones...)

7. ¿Tú y tu papá se encuentran de acuerdo en las cuestiones políticas? (Estar de acuerdo...)

8. ¿El hermano que se fue a la guerra ya está de vuelta? (Estar de vuelta...)

9. ¿Salieron de huelga los obreros de la industria petrolera? (Estar de huelga...)

10. ¿Y los activistas que estuvieron en las manifestaciones en Washington están de regreso ahora? (Estar de regreso...)

11. ¿Se vistió de luto la madre del que murió? (Estar de luto...)

12. ¿El jefe se fue de viaje? (Estar de viaje...)

13. ¿Los abuelos se encuentran en Honolulu de visita? (Estar de visita...)

14. ¿La mayoría de ellos se pronuncian a favor de la paz? (Estar a favor de...)

15. Entonces, ¿están en contra de la guerra? (Estar en contra de ...)

Practice 5

Answer the questions negatively this time, using **estar** and the appropriate adjective or phrase from the previous exercise.

MODELS: ¿Ese glotón no ha comido suficiente todavía?
No, no está harto todavía.

¿Usted y la vieja generación piensan igual?
No, no estamos de acuerdo.

1. ¿Le satisface a Ud. la política del presidente?

2. ¿Regresó el equipo de los Juegos Panamericanos?

3. ¿Tiene gasolina el tanque?

4. ¿Abandonaron su trabajo los obreros?

5. ¿La viuda todavía lleva ropa negra?

6. ¿Ustedes tienen clases entre Navidad y Año Nuevo?

7. ¿Están sentados los pasajeros?

8. ¿El cura se ha puesto de pie ya?

9. ¿Sus padres están a favor de la legalización de las drogas?

V. Using *ser* for Material, Ownership, Origin, and Purpose

The material an object is made of, its ownership, origin and purpose or destination are expressed with **ser**.

material:	La estatua **es** de madera no de yeso.
ownership:	Estas cosas no **son** tuyas, son de tu hermano.
origin:	El barco **es** de Chile.
destination:	Esta máquina **es** para tu mamá.

Practice 6

Select **hay** or the appropriate present tense form of **ser** or **estar** to complete the sentence.

1. ¿De dónde _____ ustedes?

2. ¿Dónde _____ Julio?

3. Todos estos juguetes _____ de plástico.

4. La Navidad _____ para los niños.

5. ¿De quién _____ la Casa Blanca?

6. Yo _____ escuchando música clásica hoy.

7. ¿De veras _____ una vida después de la muerte?

8. Las medias de las señoras ya no _____ de seda sino de nilón.

9. En Italia y en España parece que todas las viejas _____ de luto.

10. Estos zapatos _____ de España.

11. ¿Dónde _____ el baile?

12. No _____ baile hoy sino mañana.

13. ¿_____ tuyo este libro, jovencito?

14. No. _____ para un amigo.

15. ¿_____ usted de pie en este momento?

VI. *Ser* with Nouns as Complements

When a noun follows, **ser** is used:

Méndez *es* un *profesor* de primera categoría.
Esto no *es* más que *agua* sucia.

Practice 7

Continue as before.

1. Ese joven _____ Julio López.

2. Julio _____ de Chile pero _____ en Michigan este año.

3. _____ estudiando ingeniería en la universidad.

4. _____ el único chileno de la escuela de ingeniería.

5. No _____ otro chileno aunque _____ otros latinos.

6. Cuando _____ con sus padres, habla español.

7. _____ harto de hablar inglés y descansa hablando español.

8. La ingeniería no _____ para mí.

9. Las ciencias _____ materias difíciles que no me gustan.

10. El inglés no _____ la lengua materna de Julio.

11. Cuando _____ en Chile no necesita hablar inglés.

VII. With Past Participles (*-do* Forms)

With past participles, both **ser** and **estar** are used. When **ser** is used, a passive action is expressed; when **estar** is used, the state of affairs or condition resulting from the action is expressed. Compare:

Los traidores ***son fusilados*** sin piedad.   (action)
Los traidores ***están muertos.***   (resultant condition)
El ladrón ***fue herido*** por la policía.
El ladrón ***está*** gravemente herido.

Practice 8

The first sentence of each item describes an action or situation. The second sentence rephrases the thought in a construction like those above. Repeat the second sentence, completing it with **fue(ron)** or **estaba(n)**.

1. Encontré abierta la puerta. La puerta _____ abierta a las 7:00.

2. El portero la abrió a las 7:00. _____ abierta a las 7:00.

3. ¿Cuándo escribió Cervantes el segundo tomo del *Quijote*? ¿Cuándo _____ escrito?

4. Hallé la lámpara desconectada. La lámpara _____ desconectada.

5. Tardaron mucho en la construcción de Roma. No _____ construida en un día.

6. ¿Encontraron encendida la luz cuando vieron el cadáver? ¿_____ encendida la luz?

7. Poco a poco olvidaron los aspectos desagradables del asunto. Poco a poco _____ olvidados esos aspectos.

8. Vi jardines alrededor del palacio del rey. El palacio _____ rodeado de jardines.

9. Era un refugiado haitiano que había perdido toda su familia. Toda su familia _____ muerta.

10. No me habían convencido todavía del mérito del vegetarianismo. No _____ convencido todavía.

11. ¿Ustedes se encontraban acostumbrados a vivir sin calefacción? ¿Ustedes _____ acostumbrados a eso?

VIII. With Adjectives

Both **ser** and **estar** are used with adjectives. The fundamental distinction is between a characteristic that is normally associated with the subject (even though it may change someday) and one that is abnormal, something new, or by its nature constantly changing. Compare the following in this sense:

NORMAL

1. El cálculo no **es difícil.**
2. Mis estudiantes **son** muy **jóvenes.**
3. La música indígena **es triste** y **melancólica.**
4. Bill Gates **es riquísimo.**
5. Las aguas del lago Tahoe **son frías.**
6. El hijo menor siempre **ha sido enfermizo.** *(...has been sickly)*
7. La materia en sí **es aburrida** pero el profesor **es entusiasta** y la presenta bien. *(Basically, the subject is boring...)*

ABNORMAL, NEW, OR FLUCTUATING

1. ¡Cuidado! ¡La marea **está alta!**
2. **Estás** muy **delgado.** ¿Cómo perdiste tanto peso?
3. **Estás** muy **triste** hoy. ¿Por qué? *(You're not usually that way.)*
4. Murió el padre, la madre no supo llevar el negocio y ahora **están más pobres** que las ratas. *(new situation)*
5. Esta sopa **está fría.** *(It was hot before—changeable type of situation.)*
6. ¡Otro resfriado! Parece que siempre **estás enfermo.** *(fluctuating situation)*
7. ¡Qué **aburrido estoy** con todo esto! *(Resultant condition—adjectives and past participles share characteristics.)*

Notice that with **estar** we frequently express a personal reaction to something. Hence, any comment about a particular item of food or drink is made with **estar:**

La carne *está sabrosa,* el café *está riquísimo* pero la ensalada *no está muy buena.*

This does not apply to generalizations applicable to a class of foods:

El café colombiano *es excelente.*

Practice 9

Choose a present tense form of **ser** or **estar.**

1. Esta casa no _____ muy grande pero me gusta.

2. Todos los superestrellas del fútbol americano _____ ricos.

3. ¡No te quemes! El plato _____ muy caliente.

4. No me gusta este pastel porque _____ muy dulce.

5. Yo siempre _____ gordo después de las fiestas de Navidad y Año Nuevo.

6. En general, las hijas _____ más altas que las madres.

7. ¿Cómo _____ la música de Chile?

8. ¿Cómo _____ tu mamá hoy?

9. El problema no _____ muy complejo.

10. No _____ pobre el tipo. Gana unos cuatro mil dólares mensuales.

11. No me gusta esta cerveza pero los sandwiches _____ ricos.

12. La palabra Parangaricutirimícuaro _____ muy larga.

13. La carne _____ barata en Argentina.

14. Ya se acabó el vino y todo el mundo _____ muy alegre. Algunos _____ enfermos.

15. Ya no tengo tos pero todavía _____ ronco.

16. La voz de Louis Armstrong _____ ronca pero él sabe cantar con arte.

IX. Contrastive Drills

Practice 10

All the various usages of **ser, estar,** and **hay** discussed above are mixed in the following items. Use **hay** or the present tense of **ser** or **estar.** The pertinent section of explanation is indicated at the right.

1. En el norte de México, muchas casas _____ de adobe.   (V)

2. Monterrey _____ en el norte.   (II)

3. En Monterrey _____ un Instituto Técnico.   (III)

4. Esa _____ una universidad muy moderna.   (VI)

5. El norte de México _____ muy árido.   (VIII)

6. _____ como Nuevo México y Arizona.   (VIII)

7. _____ pocos árboles y muchos cactos.   (III)

8. El maguey _____ un cacto cuyo jugo fermentado _____ el pulque.   (VI)

9. El pulque no _____ muy fuerte. _____ como el vino.   (VIII)

10. Que yo sepa, no _____ pulque en los Estados Unidos.   (III)

11. Este pulque que me trajiste _____ sabroso.   (VIII)

12. Después de tomar tres vasos, mi hermana _____ borracha.   (VIII)

13. Ella _____ ahora con mi mamá.   (II)

14. Mi mamá se enojó. Dice que el pulque _____ una bebida rústica propia de campesinos.   (VI)

15. Los campesinos dicen que _____ muy nutritivo.   (VIII)

16. Dicen que _____ muchas vitaminas en el pulque.   (III)

17. ¿Qué _____ usted leyendo?   (I)

18. _____ una revista chilena.   (VI)

19. Parece que en Santiago los maestros _____ de huelga.   (IV)

20. ¿Dónde _____ Santiago?   (II)

21. _____ la capital de Chile y _____ en el valle central.   (VI, II)

22. ¿Por qué no _____ contentos los maestros?   (IV)

23. Dicen que sus sueldos _____ bajos y _____ muchos alumnos en las clases.   (VIII, III)

24. Pero los alumnos no _____ enojados con la huelga, supongo.   (VII)

25. Claro, porque ellos _____ de vacaciones.   (IV)

26. Todas las escuelas _____ vacías. No _____ nadie en las aulas.   (IV, III)

27. Sí, pero afuera _____ mucha gente porque las escuelas _____ rodeadas de huelguistas.   (III, VII)

28. Esta _____ una revista barata.   (VI)

29. _____ de un papel de baja calidad. Además, _____ vieja.   (V, VII)

30. Cambiando de tema, ¿qué tal el bistec? ¿_____ rico?

31. _____ un poco crudo pero _____ sabroso y tierno.   (VIII)

32. _____ muy buena carne.   (VI)

33. _____ de Nueva Zelandia.   (V)

34. Ayer vi a tu hermanito, y ¡qué sorpresa! ¡_____ casi tan alto como tú!   (VIII)

35. Es cierto. Pero hoy el pobrecito _____ en el hospital.   (II)

36. ¿Cómo? ¿_____ enfermo?   (VIII)

37. Gracias a Dios que no _____ muerto.   (VII)

38. Tuvo un accidente anoche y su coche _____ destrozado.   (VII)

39. Los médicos lo _____ observando pero creo que _____ fuera de peligro.   (I, VIII)

Practice 11

Conversational practice. Answer the following questions using **ser** or **estar** in your answers. Tell the truth based on your own reality.

1. ¿Le pertenece a usted la casa en que vive?

2. ¿En qué calle se encuentra la casa?

3. ¿De qué material está construida?

4. ¿Se halla usted de vacaciones ahora?

5. ¿Qué estudia usted?

6. ¿Dónde se encuentra usted, en la biblioteca?

7. ¿Tiene usted los ojos cafés?

8. Cuando usted contesta bien, ¿queda contento(a)?

9. ¿El café, té o leche que usted tomó esta mañana le pareció frío?

10. ¿El café le parece malo para la salud?

11. ¿Se encuentra usted muy cansado(a) ahora?

12. ¿Le parece aburrido el español, en general?

13. ¿Tiene usted un radio portátil?

14. ¿Se encuentra este edificio rodeado de jardines?

15. ¿Este libro se publicó el año pasado?

16. Cuando usted quiso entrar a este edificio, ¿encontró cerrada la puerta?

17. ¿En qué postura se halla usted?

18. ¿Dónde nació usted?

19. ¿Este libro se preparó para aprender chino?

20. ¿Ya terminó usted este ejercicio?

UNIT 5

Expressions of Probability

En lunes, ni las gallinas ponen.

I. Future and Conditional Tenses

Spanish, like English, sometimes uses the future tense to express the probability that an action is taking place or that a condition exists:

> **Ya estará en casa. Llámalo allí.**
> *He'll already be at home. Call him there.*

This usage is extended in Spanish to include the future perfect, the conditional, and the conditional perfect:

> **Ya habrá llegado al teatro.**
> *She must have arrived at the theater by now.*
> **Serían las once cuando partió.**
> *It must have been around 11:00 o'clock when she left.*
> **Se habría sentido un poco enferma.**
> *She had probably felt a little sick.*

The correspondence between the probability usages and their regular tense equivalents may be summarized as follows:

> Probablemente son las ocho. = Serán las ocho.
> Probablemente eran las ocho. = Serían las ocho.
> Probablemente terminaron a las ocho. = Habrán terminado.
>   Terminarían a las ocho.
> Probablemente han terminado ya. = Habrán terminado ya.
> Probablemente habían terminado antes. = Habrían terminado antes.

II. The Verb *deber*

Spanish frequently uses **deber** followed by an infinitive (with or without **de** intervening) to express probability. (Note the similarity of usage to English probability expressions with *must*, as in *He must be studying*). Compare the following equivalents:

> Deben (de) ser las ocho. = Probablemente son las ocho.
> Debían (de) ser las ocho. = Probablemente eran las ocho.
> Debieron (de) terminar a las ocho. = Probablemente terminaron a las ocho.
> Deben (de) haber terminado ya. = Probablemente han terminado ya.

The fifth expression of probability (equivalent to **Probablemente habían terminado antes**) is not used very often and has several possible equivalents with **deber.** Here are two:

> Debieron (de) haber terminado antes.   } Probablemente habían
> Debieron (de) terminar antes.   }   terminado antes.

In fact, one finds that most of the probability expressions with **deber** have considerable variation in usage from one area to another and from person to person. The first four of these expressions given in the above list of examples represent a usage which is widely understood and accepted. It is suggested that you learn to use these four and not be concerned with possible variations. Note that although some grammar books claim that **de** is to be associated with the probability use of **deber** (**deber** without **de** therefore signifying obligation), in fact, both constructions are used with equal frequency in both meanings.

Note also that English has other ways to express probability in addition to the use of the future *(He will be at home by now)* and must *(He must be at home by now)*. Study the following equivalents.

> *I wonder who it is?*   }
> *Who can it be?*   }
> *Who in the world is it?*   }   **¿Quién será?**
> *Who do you suppose it is?*   }

Practice 1

Give an equivalent with **probablemente** for each of the following sentences having a probability expression.

MODEL: *Serán* las ocho, más o menos, ¿no?
           Probablemente son las ocho, más o menos, ¿no?

1. Es muy tarde. Los niños *deben de estar* muy cansados.

2. *Habrán jugado* demasiado hoy.

3. Alguien llama por teléfono. *Serán* sus padres.

4. Veo que Carlitos no tiene zapatos. *Los debe de haber perdido.*

5. Yo lo vi hace media hora y no los tenía entonces tampoco. *Los habría perdido* más temprano.

6. *Estarían jugando* en los charcos de la calle.

7. En ese caso *deben de tener* mojados los pies.

8. Sí, pero *debieron de divertirse* mucho.

Practice 2

Give an equivalent of the following sentences, using the future or conditional of probability, as appropriate. Omit **probablemente.**

1. Probablemente el plomero ya ha llegado a nuestra casa.

2. Probablemente tardaba tanto en llegar por razones muy importantes.

3. Probablemente había tenido que contar su dinero, o algo así.

4. La tubería en el sótano probablemente siguió goteando durante horas y horas.

5. Ahora probablemente tenemos una piscina particular en la casa.

6. A mamá probablemente no le gusta tanta agua en la casa.

7. Ella probablemente ha sufrido mucho esperando la llegada del plomero.

8. A los niños, en cambio, probablemente no les parece tan mala idea tener piscina en casa.

9. Probablemente fueron ellos los que causaron el daño a la tubería.

Practice 3

Some of the following sentences imply probability with expressions other than the future and conditional. Restate these sentences using the future or conditional of probability. Where no probability is expressed, simply repeat the sentence.

1. Siendo tan viejo, Matusalén probablemente no jugaba mucho al béisbol.

2. Ese personaje bíblico llegó a tener 969 años de edad.

3. Es probable que Adán hubiera vivido poco tiempo en el Edén cuando llegó Eva.

4. Eva debió de ser una mujer encantadora.

5. Salomón fue un tipo muy sabio.

6. De niño probablemente faltó poco a la escuela.

7. Me parece probable que Salomón preparara sin falta su lección diaria.

8. Los tontos que tenemos hoy deben de estudiar mucho menos que Salomón.

9. Y es cierto que no son tan sabios.

10. Es probable que tu novio no sea tan viejo como Matusalén. Probablemente no tiene más de 32 años, ¿verdad?

11. Tú probablemente nunca has ido a una fiesta vestida como Eva, ¿verdad?

12. Si fueras a una fiesta vestida así, seguramente tendrías un éxito tremendo.

Practice 4

This is a translation drill designed to focus on the many English equivalents of the Spanish future of probability. Select the correct form of the indicated Spanish verb to match the general meaning of the English sentence.

1. Where in the world has my little dog gone?

   ¿A dónde _____ (irse) mi perrito?

2. Where, oh where can he be?

   ¿Dónde _____ (estar)?

3. I wonder why he is taking so long.

   ¿Por qué _____ (tardar) tanto?

4. He must be hunting.

   _____ (estar) cazando.

5. Or, I suppose he is investigating trash cans.

   O, _____ (estar) investigando los tarros de la basura.

6. He must have stopped to visit with his cousin!

   ¡_____ (detenerse) a visitar a su prima!

7. He must have run for miles by now.

   Ya _____ (correr) millas.

8. He'll be very hungry.

   _____ (tener) mucha hambre.

9. He's probably thinking of returning home.

   _____ (estar) pensando en regresar a casa.

10. Do you suppose he met a friend?

    ¿_____ (encontrar) a un amigo?

11. I wonder what he's doing now.

    ¿Qué _____ (hacer) ahora?

12. He's probably burying bones or something.

    _____ (enterrar) huesos, o algo así.

13. Do you suppose he's been hurt?

    ¿_____ (hacerse) daño?

14. Oh, he's probably all right.

    _____ (estar) bien.

15. He probably forgot what time it was.

    _____ (olvidarse) de la hora.

16. He'll have started home by now, wagging his tail, as usual.

    En fin, ya _____ (dirigirse) a casa, meneando la cola, como siempre.

UNIT 6

The Imperfect Past vs. The Preterit Past

No se ganó Zamora en una hora.

I. The Basic Distinction

> Cuando yo llegué, el ladrón *salía* por la ventana.
>
> Cuando yo llegué, el ladrón *salió* por la ventana.

The difference in usage between the preterit and the imperfect is not one of structure; it is one of meaning. Both forms express the past, but they focus differently on the act. The difference is one of aspect rather than tense. It is like the distinction we have in English between sentences like these:

The policeman *hit* him on the head.

The policeman *was hitting* him on the head.

The police *used to hit* him on the head.

The first of these sentences (all of them equally past in tense) suggests that a single blow was struck, and we speak of it as a completed, more or less instantaneous act, which began and ended at approximately the same moment.

The second sentence talks about the middle of the action, which might be a single blow in the act of being struck, or more likely the middle of a series of blows. (We would need more context to decide which.) In either case, we do not refer to the beginning or the end of the act. "Was hitting" focuses only on the middle of an act or series of acts which began earlier and ended at some later time.

The third sentence, with "used to hit," suggests a series of different occasions, a customary, often repeated act in the past. The Spanish imperfect and preterit aspects correspond partially to the English in that both "was hitting" and "used to hit" would be expressed with an imperfect, while "hit" could be a preterit. However, English often uses a simple past form like "hit" with the meaning of "was hitting" or "used to hit":

Every time he passed by, the policeman *hit* him on the head (i.e., "used to hit").

While the policeman *hit* him on the head, the detective was holding his arms (i.e., "was hitting").

The distinction which is made in Spanish is one between a view which focuses only on the middle of an act (as in "was hitting him on the head" or "used to hit him"), with no regard for its beginning or end, as opposed to a view which focuses on either the beginning, the end, or both. Study the following examples in order to decide whether they focus on the middle only or on the beginning and/or end. Answers are given below.

1. They played until six o'clock.

2. The Lord said "Let there be light," and there was light.

3. My friend had no middle name.

4. The Arabs occupied parts of Spain for over seven centuries.

5. I often slept nine hours or more.

6. Lazarus picked up his bed and walked.

7. When too many letters accumulated, I would stuff them in the basket without answering them.

8. When the farmer saw me, he closed the door.

9. I knew all the details about her life.

Answers:

1. Not middle only because we are talking about when the act ended.

2. "Said" is an instantaneous act; we see beginning and end. "There was light" refers to the beginning of being, and so it is not "middle only" either.

3. Middle only. We are not concerned with when the situation started or ended, only that this was the case at the moment we are talking about.

4. Not middle only because we are discussing how long the action lasted. A time phrase ("for seven centuries") gives us the dimensions.

5. Middle only because we are not concerned with when I started or ended the habit of sleeping that much.

6. One act, "picked up," of the instantaneous, beginning and end type, and one which focuses only on the beginning. Lazarus started to walk at the moment referred to but we are not focusing on the end of his walking. Neither act is middle only.

7. "Accumulated" refers to a repeated act which happened over and over again, and we focus only on the middle of the series. "I would stuff" is of the same kind. Note that "would" in this sense is equivalent to "used to" and does not refer to a hypothetical result, as in "If I had time and money, I would travel all over Europe."

8. Two instantaneous-type acts; neither is middle only.

9. Middle only because we have no knowledge or interest in when I began to know or stopped knowing.

> The imperfect is used in Spanish to express "middle only" focus.

The preterit is used when beginning and/or end are in view. Spanish is quite consistent in this distinction, never blurring it as English does.

There are some useful signs which will help to separate imperfect, "middle only" clauses from preterit ones. If there is a time phrase, such as **por mucho tiempo, hasta las tres, todo el día, dentro de pocos minutos,** the beginning and/or end is generally in focus and the preterit is used (unless a series of such acts is meant):

Dentro de poco sintió un fuerte dolor.

Estuvo en casa *hasta las tres.*

Estudié *todo el día.*

Description of what things were like or what someone was feeling or doing when another act occurred is often in the imperfect. We are interested in these actions or states as being in progress, as backdrops or stage settings, and we are not talking about when they started or stopped:

Hacía un sol magnífico cuando me desperté.

Mi amigo no hablaba español cuando fue a México por primera vez.

Adán llevaba una vida idílica pero la serpiente cambió las cosas.

In comparison with the "backdrop" expressed in the imperfect, the "thing that happened next" is likely to be in the preterit. (See the preceding examples.)

These useful signs are only devices, however, which help us to make the fundamental decision as to whether we want to focus on the middle of the action only (with the imperfect) or upon its beginning and/or end (with the preterit). Many past contexts can take either preterit or imperfect, depending on what the speaker wants to express.

Practice 1

Change these sentences into the past using preterit or imperfect as appropriate. Before you do this, you may want to review the preterit forms. See Unit 1. Also, it would be useful to read over this series of 24 sentences, since they make a related sequence, before starting to change them to the past.

1. Colón descubre el Nuevo Mundo en 1492.

2. Colón pide ayuda al rey de Portugal.

3. Pero los matemáticos del rey saben que la India está muy lejos.

4. Los portugueses tienen razón.

5. Es imposible llegar a la India así.

6. Colón está equivocado.

7. Pero encuentra una tierra desconocida.

8. Eso le salva la vida.

9. Toda su vida cree que había llegado a la India.

10. Encuentra aborígenes con canoas.

11. Viven en islas del mar Caribe.

12. Colón espera hallar una ruta directa a la India.

13. Por eso, llama a los aborígenes indios.

14. Les da un nombre equivocado.

15. Cuando los marineros los ven, les parece que los aborígenes tienen la piel roja.

16. Creen que están en Asia.

17. Algunos indios tienen adornos de oro en la nariz.

18. Colón colecciona esas cosas para llevarlas a España.

19. Colón permanece varias semanas en "las Indias."

20. Luego regresa a España.

21. Los Reyes Católicos esperan el resultado del viaje.

22. Cuando oye las noticias, el rey queda muy contento.

23. Los indios también están contentos durante las primeras semanas.

24. Después, se dan cuenta de que los blancos no son dioses.

Practice 2

Read the following real-life story. Then retell it in the past tense, talking about what happened yesterday.

> Me levanto a las seis. Hace frío y el cielo está cubierto de nubes. Me visto y voy a la cocina. No hay nadie allí. Todo el mundo está dormido. Preparo mi desayuno y salgo a buscar el periódico. Me espera en el buzón donde siempre lo deja el muchacho. Desayuno solo y leo el periódico de principio a fin, con excepción de la crónica social. No me interesan los incidentes de la vida social. Luego me pongo la chaqueta y salgo a la calle. Hace sol. La vista del sol me llena de alegría.

In the past: (Ayer...)

II. Preterit and Imperfect in Indirect Discourse

Direct discourse refers to the precise words someone says:

   —Voy de compras al centro.

Indirect discourse refers to the slightly modified report of what was said, with the first speaker's words incorporated into a new sentence. That is, it is an indirect quotation:

   Tomás dijo que iba al centro.

An original present tense may be kept in the present

   —Dijo que va al centro.

But if it is shifted to the past, it will become an imperfect, not a preterit.

An original preterit is either retained as a preterit or becomes a pluperfect:

Me compré un CD nuevo y lo ***voy*** a escuchar toda la tarde.	>	Dijo que se compró (or: se había comprado) un CD nuevo y lo ***iba*** a escuchar toda la tarde.
¿Dónde ***están*** los libros que ***traje*** de la biblioteca?	>	Preguntó, dónde ***estaban*** los libros que ***trajo*** (había traído) de la biblioteca.

Verbs other than **decir** and **preguntar** can introduce an indirect discourse:

> No **tengo** la culpa. (***Comprendió*** que no **tenía** la culpa.)
> ***Necesito*** aclarar esto. (***Pensaba*** que **necesitaba** aclarar eso.)
> Yo soy bonita pero ella es hermosa de veras. (***Sabía*** que ella ***era*** bonita pero que la otra ***era*** hermosa de veras.)
> Si puedes hacerlo, te ***pagarán*** muy bien. (Le ***indicaron*** que si ***podía*** hacerlo, le ***pagarían*** muy bien.)

Practice 3

Change the sentence to indirect discourse, shifting to past tense.

MODEL: Voy a buscar otra ruta al Oriente. (¿Qué decidió?)
              Decidió que iba a buscar otra ruta al Oriente.

1. Los matemáticos portugueses no tienen imaginación. (¿Qué pensaba?)

2. Nací en Génova y no soy español. (¿Qué confesó?)

3. Génova forma parte de Italia. (¿Qué dijo?)

4. ¿Estoy en el servicio de la reina o del rey? (¿Qué preguntó?)

5. La reina me dio tres barcos para el viaje. (¿Qué reconocía?)

6. ¿Pero no manda más el rey? (¿Qué se preguntaba?)

7. Si encuentro la ruta, seré famoso. (¿Qué sabía?)

8. Pero si no llegamos, nos podemos morir de hambre. (¿Qué protestaron?)

9. No importa, hay que tener confianza. (¿Qué dijo Colón?)

10. Fuimos derecho a las Indias. (¿Qué aseguró?)

11. Pero esto no es la India. (¿Qué murmuró el cínico?)

12. Si ven oro, hay que llevarlo a España. (¿Qué explicó?)

13. Los aborígenes creen que somos dioses. (¿Qué oyó?)

14. ¡Ya hablaron bastante de Colón! (¿Qué gritó?)

III. Imperfect and Preterit of *conocer, saber, poder, tener que,* and *querer*

With these verbs, it is helpful to make some special analysis. With **conocer** and **saber,** the difference in aspect is expressed in English with different words. The imperfect of **conocer** corresponds to *knew* or *be acquainted with,* while the preterit is equivalent to *met.*

> conocer: *Conocí* a mi futura esposa en San Francisco. *(I met...)*
> Ya *conocía* a su hermano desde mucho tiempo atrás. *(I already knew...)*

The preterit of *saber* most often is equivalent to *found out* or *learned,* while the imperfect corresponds to *knew.*

> saber: Sólo hoy **supe** que Patricio murió en un terrible accidente. *(I found out...)*
>
> *sabía* que trabajaba con tractores pero no *sabía* que era un trabajo peligroso. *(I knew...)*

Practice 4

Rephrase the Spanish in order to express the idea given in English.

MODEL: Conozco a Greg Noll. En el campeonato de Huntington.

I met Greg Noll at the Huntington meet.
Conocí a Greg Noll en el campeonato de Huntington.

1. Todos los demás ya lo conocen.
   Everybody else already knew him.

2. Conozco a Elena. No a sus padres.
   I knew Elena but I never met her parents.

3. Ayer. Sé que va a haber un concierto para ayudar a las víctimas del terremoto en Perú.
   Yesterday, I found out that there was going to be a concert to help the victims of the earthquake in Perú.

4. Yo ya lo sé porque lo leí en el periódico.
   I already knew it because I read it in the paper.

5. Mi hermanito me pregunta si sé dónde está el dinero.
   He asked me if I knew where the money was.

6. No sabe que está debajo de su propia cama.
   He never found out it was under his own bed.

With **tener que,** the imperfect refers simply to an existing obligation to do something, while the preterit implies that the obligation was followed by the act actually being done (thus ending the matter, so that the focus is not on the middle only). Both are translated by *had to* in English. Compare these examples:

> **tener que:** No aceptaron nuestra invitación porque **tenían que** estudiar. (The obligation existed. We refer to a state of affairs.)
> **Tuve que** escribir toda la noche para terminar el ensayo. (The obligation was discharged by the action being performed. I had to, so I did.)
> Se sentía tan mal que **tuvo que** llamar al médico. (He had to; so he did. = Preterit)
> **Tenía que** tomar la medicina cada cuatro horas. (The obligation continued to exist because here we are referring to a series of acts, one of which did not eliminate the obligation.)

Practice 5

Rephrase the Spanish to express the idea given in English. The added material in parentheses serves to clarify the idea to be expressed.

MODEL: Tiene tanta fiebre. Lo llevamos al médico.
   The boy had so much fever we had to take him to the doctor. (And, we did.)

> El muchacho tenía tanta fiebre que tuvimos que llevarlo al médico.

1. Tenemos que cortar el césped. Queremos ir a la playa.
   We had to cut the lawn, but we wanted to go to the beach. (So, we sat around and complained.)

2. Pinté la puerta tres veces para cubrir la pintura vieja.
   I had to paint the door three times to cover the old paint. (That's the way it turned out when I did it.)

3. Mi papá pagó más de tres mil dólares de impuestos este año.
   My dad had to pay more than three thousand dollars in taxes this year.

4. Pagué por el libro que perdí y una multa también.
   I had to pay for the book I lost and a fine as well.

5. Hace las camas antes de salir para la escuela.
   They had to make the beds before they left for school. (That was their daily chore.)

6. Vive en México. No tiene que hacer nada.
   When she lived in Mexico, she didn't have to do anything.

In the case of **poder**, the imperfect expresses the existence of permission or ability to do something:

> **Imperfect of poder**
>
> Antes, las chicas no **podían** salir con muchachos sin que fuera también alguien de la familia.
> **Podía** levantar pesas enormes.

The preterit suggests that an attempt was made (and the ability or lack of it then ceases to interest us):

> **Preterit of poder**
>
> No fue hasta mucho después que **pude** recordar el número de su teléfono.
> Sacudí la puerta pero no **pude** abrirla.

Practice 6

Rephrase the Spanish in order to express the idea given in English.

MODEL: No puede graduarse porque no completó los requisitos.
He couldn't graduate last year because he didn't fulfill the requirements.

No pudo graduarse el año pasado porque no completó los requisitos.

1. Si completa los requisitos puede graduarse en el verano.
If he completed the requirements, he could graduate in the summer.

2. Después de varias tentativas, puedo descifrar la oración.
After several attempts, I was able to decipher the sentence.

3. Los rusos tratan de llegar a la luna antes que los americanos pero no pueden.
The Russians tried to reach the moon before the Americans but they weren't able.

4. La mayoría de los países no pueden competir con las grandes potencias.
Most countries were unable to compete with the big powers.

With **querer,** the English equivalent of the preterit differs according to whether it is affirmative or negative. **No quise** is used most often as we use *I refused to* or *I wouldn't* do something, while **quise** is equivalent to *I tried* to. In both cases, we are usually talking about a single event so that the attitude is seen as having ended at that time:

> **Preterit of querer**
> **Quise** convencerlo de que todo el mundo sabía que la tierra era plana pero él no me lo **quiso** creer.

Practice 7

Translate the English sentence.

1. Muchos quieren descubrir la fuente de la juventud.
A lot of people wanted to discover the fountain of youth.

2. ¿Prender un fuego con leña verde y mojada? Resulta imposible.
Three times we tried to light a fire with that wet green wood but it turned out to be impossible.

   3. ¿Ir a Perú? Está muy lejos.
      She didn't want to go to Perú because it was too far away.

   4. Quiero mostrarle que en avión se llega en poco tiempo.
      I tried to show her that by plane you can get there in very little time, but she refused to listen.

Practice 8

Saber, tener que, poder, and **querer** are mixed in this practice. Select the preterit or imperfect of those verbs in translating the English sentences.

   1. De niño, Lincoln tiene que leer a la luz de una vela porque no hay electricidad.
      As a boy, Lincoln had to read by candlelight because there was no electricity.

   2. Sabe que tiene que estudiar mucho para ser abogado.
      He knew that he had to study a lot in order to be a lawyer.

   3. Y esa es la carrera que quiere.
      And, that was the profession he wanted.

   4. Va al teatro pero no sabe que lo van a asesinar.
      When he went to the theater, he didn't know he was going to be assassinated.

   5. El pueblo norteamericano queda pasmado con esa noticia.
      The American people were shocked when they learned the news.

   6. ¿Cómo puede Booth llegar tan cerca al presidente con una pistola?
      How was Booth able to get so close to the president with a gun?

   7. Tiene que esconderla entre su ropa.
      He had to hide it inside his clothes.

   8. El presidente quiere levantarse pero no puede.
      The president tried to get up but he couldn't.

   9. No vive mucho tiempo.
      He didn't live very long.

  10. Nadie en el teatro sabe que Booth intentaba asesinar al presidente.
      Nobody in the theater knew that Booth intended to murder the president.

  11. El público se da cuenta cuando Booth salta a la escena.
      The audience found out about it when Booth jumped to the stage.

  12. Algunos quieren detenerlo pero no pueden.
      A few tried to stop him but they weren't able to.

13. Entre la confusión general, Booth sale y se escapa.
    Amid the general confusion, Booth was able to get out and escape.

14. Probablemente muchos esclavistas quieren asesinar a Lincoln.
    Probably, a lot of slave owners wanted to murder Lincoln.

15. La mayoría de ellos saben controlar su odio.
    The majority were able to control their hatred.

16. Después de la guerra civil, tienen que rehacer su vida.
    After the Civil War, they had to remake their life. (This was the task
    on hand as they faced the future.)

17. Los antiguos esclavos también tienen que encontrar un nuevo tipo
    de vida.
    The former slaves also had to find a new kind of life.

IV. Use of the Imperfect and Preterit of *ser*

The preterit and imperfect of the verb *to be* in English could be thought of
as *was* and *was being*. But *was being* is used in English only in the special meaning of *playing* or *acting* as in "She was just being difficult." So
was is really equivalent to both **fue** and **era** in normal usage. This means
that the English speaker's feel for the two aspects of the past is unusually blurred with the verb **ser**. Consequently, it is helpful to observe the relationship between **ser** and other verbs in the context.

We often identify the person who did something in this way:

El que nos *cambió* las llantas *fue* el hijo del vecino.

Los que *pasaban* por la calle cada tarde *eran* jóvenes que regresaban
de la escuela.

The verb *ser* appears in the same aspect as the verb which expresses the
action done: *cambió... fue; pasaban... eran.*

Practice 9

Answer the questions following the example. You needn't repeat all the
elements of the question.

MODEL: ¿Quiénes llegaron primero a la luna, los rusos o los americanos?

Los que llegaron primero fueron los americanos.

1. ¿Quién atacó a los molinos, Don Quijote o Sancho?
2. ¿Quién se preocupaba por la comida, Don Quijote o Sancho?
3. ¿Quién llegó primero al Nuevo Mundo, Colón o Erico el Rojo?
4. ¿Quién te daba de comer, tu mamá o tu papá?
5. ¿Quién inventó el teléfono, Edison o Bell?

When what follows the verb *to be* is not a noun, as in the sentences above, but an adjective, like *fatal* or *odd*, the type of relationship practiced above may or may not exist.

La herida que ***recibió*** en esa corrida ***fue*** fatal.
Las pequeñas heridas que ***recibía*** cuando trabajaba en los campos no ***eran*** muy graves.
El cuchillo que ***usó era*** antiquísimo y de una forma muy rara.
La secretaria que nos ***recibió era*** muy amable.

The difference between the first two examples and the last two is that in the first, the wounds referred to came into existence at the moment of the action mentioned. That is, the wound which proved fatal for the bullfighter did not exist before he received it. We are talking about the beginning of something. In the second example, we have a series of events, a repeated, customary past act. In cases like these two, the form of **ser** matches that of the other verb.

However, in the second two examples, we refer to a thing or person which clearly existed and had the trait referred to before the moment of the action we are talking about. In these cases, there is no necessary identity of aspect between the two verbs. Notice also, that if the preterit is equivalent to the pluperfect, as it sometimes is, then this relationship does not apply:

La mesa que hizo (= había hecho) era grande pero nada elegante.

Often it is useful to form a paraphrase of the sentence, using another verb instead of **ser**. For example, if you wish to say *Her glance was cynical and sneering* and you mean *She gave a cynical and sneering glance,* then you will use the preterit:

Su mirada fue cínica y despreciativa. = Dio una mirada cínica y despreciativa.

If you mean she had a cynical and sneering way of looking at people, then your sentence will use **era**.

Practice 10

Complete the sentence with the appropriate form of **ser**.

(A clue to the meaning intended may be given in parentheses.)

1. El efecto que tuvo su conferencia _____ deprimente.
2. La isla que compraron _____ muy pequeña.
3. El muchacho que entró _____ alto y delgado.
4. La mentira que inventó _____ increíble. (He uttered an incredible lie.)
5. Los cuentos que contaba _____ fantásticos.
6. El pintor que nos habló _____ muy conocido en Europa.
7. La decisión que tomó ese día _____ irrevocable. (He made an irreversible decision.)
8. Los daños que se produjeron _____ irreparables. (Serious damage resulted.)
9. La casa que compré _____ bastante vieja.
10. La patada que dio _____ tremenda.
11. La víbora que vimos _____ pequeña y delicada.
12. La enfermedad que contrajo _____ fatal. (It killed him.)
13. Las preguntas que hizo _____ tontas e inaplicables. (He asked several stupid questions.)
14. El libro que nos leyó _____ parecido a los cuentos de hadas.

Practice 11

Complete the sentence with the appropriate form of **ser** in accord with the paraphrase given in parentheses.

1. Juan López y yo nos vimos por primera vez en Santiago.
   _____ en 1950. (You mean that it happened then.)

2. Al entrar en el café, oímos el sonido rápido y rítmico del taconeo de los bailadores y los acordes de la guitarra. _____ un baile flamenco auténtico. (They were dancing flamenco style.)

3. Funes llevaba el orgullo hasta el punto de asegurar que _____ benéfico el accidente que lo había condenado a pasar la vida como un inválido. (The accident was producing unexpected benefits.)

4. De veras me sorprendí porque _____ tan fácil lo que siempre me había parecido dificilísimo. (I did it very easily.)

5. Esto no va a resultar bien, me dije yo. Y, en efecto, así
_____.
(It turned out as I thought.)

6. Edison construyó un aparato que grababa y reproducía la voz humana y otros sonidos. Lo armó, lo echó a andar, y escuchó. _____ uno de los grandes momentos de la historia. (Something momentous was happening. At that moment, he was living history.)

7. En 1066 los normandos invadieron Inglaterra y llevaron consigo su dialecto del francés. Esa conquista _____ decisiva en la historia de nuestra lengua. (A decisive change took place.)

8. _____ necesario que preparara dos cenas esa noche. (Circumstances forced her; so she made two different suppers that night.)

9. La clase preparó y presentó un programa de música hispánica que terminó con un baile muy enérgico. _____ uno de los que todavía se bailan en las provincias vascongadas. (They danced a Basque dance at the end.)

10. Su sonrisa _____ espontánea y simpática. (She had a nice smile and she smiled often.)

11. Edison construyó su primer fonógrafo hace muchos años. _____ uno de los inventos que hacen época. (It started a whole new epoch.)

V. General Practice of Imperfect and Preterit

Practice 12

Read the following story over in order to understand the context. Then repeat it phrase by phrase, changing to the past tense.

Manuel Rojas nace en la Argentina / pero va a Chile / cuando todavía es adolescente. Allí se hace escritor. En esa época domina el costumbrismo en la literatura hispanoamericana / pero el joven novelista se aparta de esa tendencia. En el estilo costumbrista, dominan el paisaje y los detalles pintorescos externos. No importa lo que siente y piensa el individuo. A nuestro autor le interesa más el alma de sus personajes, su carácter humano. Escribe una serie de cuentos y varias novelas. Sus personajes son gente sencilla de la clase baja / pero Rojas les da importancia humana. No le interesa la propaganda social. Sus obreros son hombres como los demás. No funcionan como símbolos de las injusticias sociales.

Practice 13

Follow the same procedure.

Rojas con frecuencia usa personajes al margen de la sociedad. Muchos son ladrones, vagos o mendigos. Su cuento "El delincuente" trata de un ladrón / que al final de la historia parece más simpático que su víctima:

Un barbero está en su cuarto en un pobre conventillo. Conoce a todos los habitantes del conventillo. Pero de repente esa noche oye pasos desconocidos. Sale a ver quién es. Ve a un hombre delgado, de nariz puntiaguda. No lo conoce. No es uno de sus vecinos. Con el hombre delgado, hay otro, gordo. Parece medio dormido y lo sostiene el hombre delgado. Pero no está dormido sino borracho. Por un momento, el barbero no sabe si hablarles o no. En esto, llega un amigo, el maestro Sánchez, carpintero. Sánchez le pregunta al hombre delgado qué hace. El delgado contesta que van a casa del gordo / donde hay unas niñas que cantan. Pero la mirada que lanza es furtiva / y además el gordo no vive allí tampoco. El gordo está tan borracho que no puede hablar. Cuando le mandan al delgado que suelte al gordo, / éste casi se cae al suelo. De un bolsillo del gordo, cuelga la mitad de una cadena de reloj. ¿Dónde está el reloj? El barbero y el carpintero deciden llevar a la comisaría a los dos hombres. Van a entregarlos a la policía. Luego empieza la larga y penosa caminata a la comisaría. El gordo borracho apenas puede caminar. El carpintero se impacienta y le da un tremendo puntapié. En el camino, los tres luchan con el borracho, / que se cae a cada rato. A la mitad del camino, los tres están tan sudorosos / que se sientan a descansar. El borracho se echa en la calle / y pronto está roncando como si estuviera en cama. Mientras tanto, el barbero, el maestro Sánchez y el ladrón charlan y ríen como viejos amigos. Pero otra vez siguen su camino / y por fin llegan a la comisaría. Allí esperan varias horas. Cuando regresa el inspector, / reconoce inmediatamente al ladrón. Se llama Juan Cáceres / y se especializa en borrachos. Al tomar el camino de regreso al conventillo, los dos amigos se sienten tristes. Es tan simpático el ladrón, tan buen amigo.

Now retell the story in the past.

Practice 14

Choose the appropriate form.

1. Varias veces en el camino, los tres amigos (tuvieron, tenían) que levantar al borracho que se había caído.

2. El cuento que inventó el ladrón (fue, era) inútil porque el inspector ya (sabía, supo) quién (fue, era) él y cómo (se ganó, ganaba) la vida.

3. No (fue, era) necesario que el barbero viera a la gente que (entraba, entró) y (salía, salió) del conventillo porque (conoció, conocía) a todo el mundo y a todos les (reconoció, reconocía) los pasos.

4. ¿Cuántas veces (leíste, leías) ese cuento anoche?

5. La primera vez (era, fue) necesario que buscara muchas palabras en el diccionario pero la segunda y tercera vez ya las (sabía, supe) casi todas.

6. ¿Dónde y cuándo (sabías, supiste) que no habrá examen final en esta clase?

7. ¿Estabas en clase el día que la profesora (traía, trajo) esa sopa fría española que se llama gazpacho? ¿Te (gustaba, gustó)?

8. No. No me (gustó, gustaba) nada el gazpacho porque (tenía, tuvo) mucho ajo.

9. Ayer (estaba, estuve) en la biblioteca casi todo el día estudiando. Ni siquiera (salía, salí) para almorzar.

10. Anoche mis hermanos menores (dormían, durmieron) fuera con unos amiguitos en una tienda de campaña. (Estaban, estuvieron) charlando y riendo hasta altas horas de la noche. Parece que se (divertían, divirtieron) mucho pero que (dormían, durmieron) poco porque todavía (estuvieron, estaban) cansados al día siguiente.

11. ¿Dónde (conoció, conocía) el barbero al maestro Sánchez?

12. Se cayó el gordo borracho y el delgado (tuvo, tenía) que dejarlo porque no (pudo, podía) levantarlo solo.

13. Por fin, con la ayuda del barbero, (pudieron, podían) arrastrarlo a un lado de la calle.

14. El ladrón inventó una disculpa muy ingeniosa pero el inspector no se la (creía, creyó).

15. Le preguntaron al gordo qué hora (fue, era) y les contestó que no (supo, sabía) porque ya no (tuvo, tenía) reloj.

16. Dijo que su reloj (estuvo, estaba) en el bolsillo del ladrón.

UNIT 7

The Subjunctive in Noun Clauses

No te digo que te vistas pero ahí tienes la ropa.

I. Noun Clauses

A noun clause is a sentence which is embedded in another sentence and which takes the place of a noun in the larger sentence. That is, it is used as subject or object of a verb, or of a preposition. Most commonly, it is an object. Notice the object in these two sentences:

No creo *eso.*
No creo *que* (eso) *sea verdad.*

In the second sentence, the object is another sentence (que sea verdad) that starts with que (a linking word or conjunction) and whose verb is in the subjunctive. Here are a pair of sentences illustrating how the embedded sentence is used as a subject:

Eso no importa.
No importa *que* (eso) *no sea verdad.*

In Spanish, the verb in most noun clauses is in the subjunctive. This is so because most noun clauses express acts in which emotional coloration is felt, such as doubt, desire, uncertainty, approval, and disapproval. The subjunctive is linked to such attitudes.

Practice 1

Practice embedding the first sentence in the second. Replace the pronoun (**eso** or **lo**) with the first sentence.

MODEL: ¿Es verdad? No creo eso. (No creo...)
No creo que sea verdad.

1. ¿No es verdad? Eso no importa. (No importa...)

2. ¿Irá mi hijo a la universidad? Lo espero. (Espero...)

3. ¿La gente le dará importancia a la ecología? Los científicos lo piden. (Los científicos piden...)

4. El mar muere tan rápido. Lo siento. (Siento...)

5. El exceso de población es un problema. Lo temo. (Temo...)

6. El aire casi siempre está sucio. Eso no es bueno. (No es bueno...)

7. ¿Lo llamarás? Eso quiere el decano. (El decano quiere...)

8. Los ecólogos pierden paciencia con la situación. Eso parece inevitable. (Parece inevitable...)

9. Mi hijito tiene la gripe. Eso me da pena. (Me da pena...)

II. The Indicative in Noun Clauses

Exceptions to the general use of the subjunctive in noun clauses are those sentences in which the main sentence indicates unemotional acceptance as truth of the idea expressed in the embedded sentence. Here are some examples:

> **Dicen que las olas están muy grandes.**
> *They say the waves are very big.*
> **Es evidente que el mundo va de mal en peor.**
> *It is evident that the world is going from bad to worse.*
> **Resulta que en Europa hay muy poco petróleo.**
> *It turns out that in Europe there is very little oil.*
> **Sé que la belleza es más importante que el dinero.**
> *I know that beauty is more important than money.*
> **Estoy seguro de que muchos se morirán de hambre.**
> *I'm sure that many will starve to death.*
> **Creo que hay seres inteligentes en otros planetas.**
> *I think there are intelligent beings on other planets.*

A list of expressions which typically introduce this kind of sentence would include: **es verdad, es cierto, es evidente, es obvio, es claro, estar seguro, ver, observar, olvidar, sentir, notar, darse cuenta de algo, saber, parecer, convenir en algo, creer, pensar, no dudar, resultar.**

Notice that the negative of many of these expressions (but the affirmative of **dudar***) does not fall in the category of the exceptions. If you say a

---

* **No dudo** may also be found followed by the subjunctive: **No dudo que sea verdad eso pero...** In such cases, the speaker expresses certain reservations about what he is saying.

thing is not true, are not sure it is true, don't believe it is true, or doubt it, etc., then you are no longer expressing acceptance of the proposition, but rather its rejection. Thus:

> **No digo que ella sea tonta, pero no es muy inteligente.**
> *I don't say she is a fool, but she isn't very intelligent.*
> **No creo que haya microbios en el agua.**
> *I don't believe there are germs in the water.*
> **No es evidente que tenga razón.**
> *It is not evident that you are right.*
> **Dudo que la clase termine a tiempo.**
> *I doubt that the class will end on time.*
> **No parece que estén preparados para esto.**
> *It doesn't seem that they are prepared for this.*
> **No sé que sea más fácil el español que el francés.**
> *I don't know that Spanish is easier than French.*
> **No veo que sean superiores los Cowboys de Dallas.**
> *I don't see that the Dallas Cowboys are superior.*

This attitude of rejection expressed by the negative is nearly universal when the sentence is in the first person. We are more likely to say that others don't know the truth than that we don't. Compare:

> ***Los indígenas no saben*** que el mundo ***es*** redondo.
> ***Yo no sé*** que los japoneses ***sean*** mejores ingenieros que los alemanes.

With **sentir**, a different distinction applies. **Sentir** can mean to *feel,* that is, *to detect* something, or *to regret* or *feel sorry* that something is true. When it is used in the sense of "to detect," it expresses unemotional acceptance as fact and is followed by the indicative. Otherwise, and more commonly, when it denotes an emotional attitude toward some fact, it takes the subjunctive:

> **Siento que tienes fiebre.**
> *I can feel that you have a fever.*
> **Siento que tengas fiebre.**
> *I'm sorry that you have a fever.*

Practice 2

Modify the verb of the embedded sentence to fit the new main sentence given. Use the subjunctive unless the new main verb expresses unemotional acceptance as truth of the idea in the dependent clause.

Es dudoso que ustedes sepan todo esto. (Es verdad..., Dudo..., Sabemos..., Resulta..., Puede ser..., Me imagino..., No me imagino..., No creo..., Veo..., Me doy cuenta de..., No estoy seguro..., No parece..., Parece..., Parece extraordinario..., Me gusta..., No digo..., Pienso...)

Practice 3

Embed the first sentence in the second.

MODEL: Ese coche cuesta demasiado. Eso es evidente. (Es evidente...)
          Es evidente que ese coche cuesta demasiado.

1. Ustedes hacen su trabajo a tiempo. Eso me gusta. (Me gusta...)

2. El tercer mundo no tiene unidad. Me parece así. (Me parece...)

3. ¿Habrá más manifestaciones? No lo dudo. (No dudo...)

4. ¿Tendrá éxito la nueva generación? No lo creo. (No creo...)

5. El mundo no es tan sencillo. Observamos eso. (Observamos...)

6. Habrá ciertos cambios. Eso es inevitable. (Es inevitable...)

7. ¿Llegaremos a la Utopía? Es dudoso. (Es dudoso...)

8. ¿El tiempo se descompone? Eso pienso. (Pienso...)

9. La casa es vieja pero sólida. Es probable. (Es probable...)

10. ¿Hay palmeras en todas partes? No es cierto. (No es cierto...)

11. ¿Tienen razón al quejarse? No lo veo. (No veo...)

12. Se entregan los ensayos hoy. El profesor lo exige. (El profesor exige...)

III. The Factor of Change of Subject

1. (Yo) quiero que (ustedes) lleguen más temprano mañana.

2. (Yo) quiero llegar más temprano mañana.

Noun clauses in the subjunctive have a subject different from the subject of the main sentence in which they are embedded. If the subjects of the two sentences are the same, the dependent verb is in the infinitive form. Thus, in example 1, *I want you* to do something, while in sentence 2, *I want* and *I will* do the arriving also.*

Notice that English commonly uses an infinitive whether the subjects are different or not:

I don't want *to go.*

I don't want *you to go.*

Practice 4

Combine the sentences into one, using a clause or an infinitive according to the change of subject factor.

MODELS: ¿Aprenderé esto pronto? Eso quiero. (Quiero...)
Quiero aprender esto pronto.

¿Lo entienden claramente? Lo dudo. (Dudo...)
Dudo que lo entiendan claramente.

1. ¿Me traerán otra taza de café? Eso pido. (Pido...)

2. Me regalan ese cuadro tan bonito. Me alegro de eso. (Me alegro de...)

3. Expresas tus ideas. El gobierno no lo impide. (El gobierno no impide...)

4. ¿Tendrán más éxito que sus padres? Los jovenes lo esperan. (Los jovenes esperan...)

5. ¿Comeremos más? Siempre lo queremos. (Siempre queremos...)

---

* With a few verbs such as **creer** and **pensar** it is not uncommon to find, particularly in spoken style, subjunctive clauses with the same subject as the main verb: **No creo que (yo) pueda acompañarlos mañana.**

6. Los hijos comen mucho. A las madres les gusta eso. (A las madres les gusta...)

7. Tengo que decirle la verdad. Lo siento. (Siento...)

Practice 5

Use the lexical elements given in order to put the English phrased thought into Spanish.

MODEL: amiga/esperar/llegar/temprano hoy
My friend hopes she will get here early today.
Mi amiga espera llegar temprano hoy.

1. Yo/esperar/amiga/llegar/temprano
I hope my friend gets here early today.

2. Yo/querer/graduarme/dentro de tres año
I want to graduate in three years.

3. Mi padre/trabajar/en su negocio
My father wants me to work in his business.

4. La gata/siempre querer/subirse en el escritorio
The cat always wants to get up on the desk.

5. Yo/no querer/subirse en mi escritorio
I don't want her to get up on my desk.

6. El gobierno/pedir/hombres de negocios/ser más responsables
The government asks businessmen to be more responsible.

7. La maestra/no aceptar/muchachos/reírse de ella
The teacher won't accept the kids laughing at her.

8. Yo/no tener miedo/copiar/tu tema
I'm not afraid to copy your theme.

9. Nosotros/tener miedo/otros/copiar/nuestros inventos
We're afraid the other people will copy our inventions.

IV. Subjunctive and Infinitive with Impersonal Expressions

1. No es posible entrar a estas horas.

2. No es posible que ustedes entren a estas horas.

Expressions such as **es difícil, parece difícil, es bueno, parece bueno, es raro, basta, importa, conviene** are often called impersonal expressions, because in sentences like those above, their subject is not a person but rather the infinitive or clause which follows.

The infinitive is used when there is no specific subject given (as in example 1), and the statement applies to anyone. When there is a specific subject (as in example 2), a clause is used.

Practice 6

Use the elements given to form sentences.

1. es difícil/estudiar en el café

2. parece imposible/guerra/terminar/pronto

3. a veces/posible/resucitar a los muertos

4. es posible/los árabes y los israelitas/poder vivir en paz

5. conviene/pensar antes de hablar

6. es inútil/prohibir el tabaco

7. importa/la gente/escuchar/todas las opiniones

8. parece mentira/los jóvenes/creer/tales cosas

9. es bueno/usar poco azúcar

10. no es verdad/Elvis/estar muerto

Practice 7

All the types of sentences studied thus far appear in this set. Combine the two elements to make a single sentence.

1. ¿El mundo es plano? No creo eso.

2. Dormir ocho horas cada noche. Eso es importante.

3. Los niños duermen más que los adultos. Eso es necesario.

4. Las mujeres son menos agresivas que los hombres. Pienso eso.

5. ¿Nieva más en Maine que en Vermont? No sé eso.

6. Todos estudiamos una lengua extranjera. Quieren eso.

7. ¿Los jóvenes son más inteligentes que sus padres? No digo eso.

8. Hawai tiene un clima magnífico. Lo dicen.

9. Dejan papeles rotos, latas y basura en el parque. Me opongo a eso.

10. Limitarse a cuatro o cinco materias en un semestre. Eso conviene.

11. Nunca habrá una paz mundial. Es seguro.

12. No fumar nada. Personalmente, prefiero eso.

13. No hay aire en la luna. Sabemos eso.

14. Los astronautas hacen experimentos en el espacio. Es importante.

15. Hay más mujeres que hombres en Utah. ¿Es verdad eso?

16. Saber manejar un auto. Eso es muy útil.

17. No subirán más los precios. Quiero eso.

18. Chile es más largo que California. ¿No sabes eso?

19. Levantarse antes de las seis. Es imposible.

20. Lo hago yo mismo. Por favor, mamá, prefiero eso.

21. A los rusos les encanta el vodka. Lo veo.

22. El alcohol es peor que la marihuana. Eso puede ser.

23. Formo mis propias opiniones. Me gusta eso.

24. No todos lo hacen. Así resulta.

V. Verbs That Allow Infinitives Even with Change of Subject

After certain verbs, either a clause or an infinitive may be used, even if the subjects are different: **Los padres de José le permiten que regrese a cualquier hora,** or **Los padres de José le permiten regresar a cualquier hora.** The following are examples of such expressions:

Le *mandan* devolver el libro.
Lo *hacen* hablar español.
Lo *obligan* a estudiar un idioma.
No lo *dejan* entrar a la película.
Me *impiden* estudiar en paz.
Les *prohiben* fumar.
Te *invito* a pasar la noche con nosotros.
Te *convido* a asistir a la reunión.

Practice 8

Convert the following sentences into the type illustrated above. Note that it may be necessary to add an object pronoun.

MODEL: Permitimos que usen el diccionario.
   Les permitimos usar el diccionario.

1. Nunca me invitan a que cante con ellos.

2. No dejamos que salgan de noche.

3. ¿Impiden que toque música contemporánea?

4. Mi mamá me prohibe que hable de su enfermedad.

5. Te convido a que compartas conmigo un buen té chino.

6. Voy a mandarle que limpie todo esto.

7. Les obligamos a que se atengan a las tradiciones.

8. Se permite que los clientes calculen su propia cuenta.

9. El gobierno obliga a que paguemos los impuestos.

10. Hacen que llevemos recibos y cheques cancelados.

Practice 9

In this exercise, verbs which permit an infinitive with a different subject are mixed with those that do not. Rephrase using an infinitive where possible. If it is not, simply repeat.

1. La mamá de Sakato quiere que ella se case con Eugenio Nakatani.

2. Por eso no deja que salga con otros muchachos.

3. Al papá no le gusta que su esposa tiranice así a la joven.

4. El padre le prohibe que ande con algunos muchachos.

5. También prefiere que no vaya a ciertos lugares.

6. Y le manda que regrese por la noche a una hora decente.

7. Se alegra de que su hija salga con Eugenio.

8. Pero no cree que sea justo imponer su propia preferencia.

9. La mamá, en cambio, duda que las muchachas sepan elegir bien.

10. Para ella, conviene que los padres seleccionen al novio.

11. No le gusta que haya tantos divorcios como hoy día.

12. Se queja de que los jóvenes no piensen seriamente antes de casarse.

13. Le molesta que tantos jóvenes vivan juntos sin casarse.

14. Desea que Sakato siga las costumbres tradicionales.

15. Por eso hace que vaya a la escuela japonesa por la tarde.

16. Allí la obligan a que estudie costumbres japonesas.

17. También insisten en que hable y escriba japonés.

18. Sakato acepta que la manden a la escuela.

19. Cuando un joven americano la invita a que salga, ella sale.

20. Pero los viejos prefieren que se case con un muchacho de familia japonesa.

VI. Verbs of Communication: Subjunctive vs. Indicative

Verbs such as **decir, insistir,** and **escribir** are used to make indirect discourse sentences, that is, sentences which indirectly cite words which someone else has uttered in direct discourse:

Joe:	I'm going downtown.
Grandpa:	Eh? How's that?
Pete:	He says he's going downtown.

In Spanish, if the original utterance was a command, then the indirect discourse sentence will have its noun clause in the subjunctive; if it was a statement, the clause will be in the indicative:

DIRECT DISCOURSE		INDIRECT DISCOURSE VERSION
Cierra la puerta, Julio.	>	Dice que *cierres* la puerta, Julio.
Ya *está* cerrada.	>	Dice que ya *está* cerrada.

Practice 10

Here's a worried mother getting her son off to school. Tell somebody what's going on. Start your sentences with **le dice que.**

MODELS: Son las seis y media, mi hijo.

Le dice que son las seis y media.

Levántate.

Le dice que se levante.

1. Hoy es lunes.

2. Tienes dos exámenes hoy.

3. Ponte una camisa más limpia.

4. Tu desayuno ya está en la mesa.

5. Apresúrate.

6. Se hace tarde.

7. Vas a perder el autobús si no te das prisa.

8. No te olvides de cepillarte los dientes.

9. Busca tus libros.

10. Lleva el impermeable porque parece que va a llover.

11. El niño ya se ha ido y puedo regresar a la cama.

Practice 11

The same mother insists on her son doing certain things, and also that he does, in fact, do them. Tell about it with **Insiste en que...**

1. Mi hijo nunca falta a sus clases.

2. Haz tu trabajo, hijo.

3. No dejes tus libros en la mesa.

4. No seas tan perezoso.

5. Mi hijo será médico algún día.

Practice 12

The boy finally got out of the house and made it into medical school. Now his mother writes him. Tell what she writes him. Start your sentences with **Le escribe que...**

1. No dejes de escribirme.

2. Ten cuidado con las chicas de la ciudad.

3. Te extraño mucho, hijo.

4. Cuéntame cómo son tus clases.

5. No sé cómo gastas tanto dinero.

6. Vuelve a casa para las Navidades.

Practice 13

Using the constructions you just practiced, put these ideas into Spanish.

1. They tell me to study more.

2. They say they study a lot.

3. They always tell me to be good.

4. They insist on my taking this medicine.

5. They insist that modern music is inferior.

VII. Tense Usage in the Subjunctive

A.   Main Clause in a Past Tense

Because there are fewer tenses of the subjunctive than of the indicative, they do not correspond exactly. Subjunctive tenses may be divided into two groups: (I) present and present perfect (**tome, haya tomado**) and (2) past and past perfect (**tomara/ase, hubiera/iese tomado**). Two factors determine which tense is used in noun clauses. One is the tense of the main clause, and the other is the time of the dependent clause action. If the main clause is in a past tense, the dependent clause must be in one of the two subjunctive past tenses:

Past main clause	requires:	Past dependent clause
no creía no creí no creería no había creído no habría creído	que eso	tuviera importancia. hubiera tenido importancia.

The difference between **tuviera** and **hubiera tenido,** both possible in the sentence, is that **tuviera** expresses an action that occurs at the same time as the action of the main verb or later, while **hubiera tenido** expresses an action prior to the time of the main verb. Thus, in **Yo no creía que llegaran a tiempo,** the "arriving" was happening at the same time as the not believing, or it hadn't happened yet. But, in **Yo no creía que hubieran llegado a tiempo,** the subject expressed disbelief about something that had already happened. Compare the English:

I didn't think they'd get there on time.
I didn't think they had gotten there on time.

See Unit 2, Section III for a review of the past subjunctive forms.

Practice 14

You will find a statement in Spanish about something that happened in the past, followed by a series of other sentences in English referring to the same event. Translate the English statements into Spanish.

1. Romeo y Julieta querían casarse.

   a. I didn't believe they wanted to get married.

   b. I didn't think they had gotten married.

   c. I didn't think they'd get married.

   d. Their parents didn't want them to get married.

   e. I never would have thought they'd get married.

2. No tocaron mi canción.

   a. I hoped they would play my song.

   b. I was sorry they didn't play my song.

   c. My girlfriend had asked them to play my song.

   d. It annoyed me that they didn't play my song.

3. ¿Colón había descubierto la ruta a la India? A mí me sorprendería.

   a. The Portuguese doubted he would discover the route.

   b. The Queen was surprised that he had discovered the route.

   c. His men hoped he would get to India.

   d. It was logical that he would get to India.

   e. I would like you to discover a new route.

B. Main Clause in a Non-Past Tense

When the time of the main clause is other than one of those shown above, any of the four subjunctive tenses may follow, depending upon the sense of what is said:

Espero Esperaré No esperes Nunca he esperado	que te lo	agradezcan. hayan agradecido. agradecieran. hubieran agradecido.

In terms of the meaning, if we compare the more numerous indicative tenses with the subjunctive tenses, the correspondence is as follows:

¿Tendrá razón?		
¿Tiene razón?	>	No creo que *tenga* razón.
¿Tenía razón?		
¿Tendría razón?	>	No creo que *tuviera* razón.
¿Tuvo razón?		
¿Ha tenido razón?	>	No creo que *haya tenido* razón.
¿Habrá tenido razón?		
¿Había tenido razón?		
¿Habría tenido razón?	>	No creo que *hubiera tenido* razón.

There are a few minor variations to be found from what is shown above. Most important is that the subjunctive equivalent of the indicative preterit may be either the imperfect form (*tuviera* or *tuviese*) or the present perfect (*haya tenido*), as shown. However, there is a strong tendency for the imperfect subjunctive to correspond to the imperfect indicative and for the present perfect subjunctive to correspond to the preterit. Because this is the most common usage, the correspondence shown is the best model to follow.

Practice 15

Say that the following ideas seem incredible:

MODEL: El resultado fue igual.

Parece increíble que el resultado haya sido igual.

1. El resultado sería igual.

2. El resultado será igual.

3. El resultado había sido igual.

4. El resultado no era siempre igual.

5. Nuestro resultado no ha sido igual al tuyo.

Practice 16

Say that it is a pity that these things happened or will happen.

1. El cometa desapareció.

2. La secretaria no sabe nada.

3. El doctor era culpable.

4. El joven se ha quebrado una pierna.

5. Los estudiantes no entenderían.

Practice 17

You will find a statement in Spanish followed by a series of other sentences referring to the same event. Translate the English sentences.

1. Lazarillo aprendió a robar con su primer amo, un ciego cruel.

   a. It's a shame he learned to steal.

   b. His mother wouldn't have believed he was so cruel.

   c. I'm sorry his father died.

   d. It's possible the boy would have died of hunger.

   e. It was better for him to learn to steal.

   f. Lazarillo asked the blind man to give him food.

   g. The blind man didn't care if the boy was hungry. (Al ciego no le importaba...)

2. Lazarillo es ingenioso y engaña muchas veces al ciego.

   a. It is good that the boy is ingenious.

   b. It has been necessary for him to trick the blind man.

   c. It will be necessary for him to trick the blind man again.

   d. It wasn't necessary for the blind man to trick Lazarillo.

   e. It would have been better for the blind man not to trick him.

3. El muchacho merecía que le dieran de comer.

   a. The boy deserves to be fed.

   b. He didn't deserve not to be fed.

   c. The blind man denied that he hadn't fed him.

   d. He didn't permit him to be fed.

   e. I don't believe he has been fed.

   f. I doubted that he would be fed.

4. Al final, Lazarillo tuvo que matar al ciego para escaparse.

   a. I don't think he killed him.

   b. It wouldn't be necessary that he kill him.

   c. His mother didn't ask him to kill the blind man.

   d. She hoped he wouldn't kill him.

   e. Did he deserve to be killed by the boy?

   f. It is a pity he had to kill him.

Practice 18

In this set, you have a mixture of all tenses, and constructions without change of subject as well as those which take an infinitive even with a change of subject. There are, in addition, constructions which do not take the subjunctive in the dependent clause. In short, everything we've reviewed so far in this section is in this set. Combine the two sentences beginning with the second.

MODEL: Los científicos se emocionan tanto como los poetas./Es dudoso.

Es dudoso que los científicos se emocionen tanto como los poetas.

1. Saben más que los poetas./Eso creen.
2. Los poetas no habrían estropeado el mundo como los científicos./Es posible.
3. Tocan música tan estridente./Yo se lo prohibiría.
4. Escucho música clásica de vez en cuando./Me gusta eso.
5. Escucho todo tipo de música./Prefiero eso.
6. En la variedad está el gusto./Eso creo.
7. Es difícil estudiar con música./Eso dice mi padre.
8. Apaga la música./Eso me dijo mi padre.
9. No me molestaba la música./Eso respondí.
10. Convencerlo./Fue imposible.
11. Yo haría las cosas como deseaban ellos./Eso querían mis padres.
12. Yo abandonaría la casa./Por eso decidí eso.
13. En la playa las olas estaban muy grandes./De eso se quejaba mi hermanito.
14. ¿Él entraría al agua?/Por fin lo conseguí.
15. Las olas no estaban tan grandes./Luego le pareció así.
16. Quédese alguien cerca./Siempre insistía en eso.
17. ¿Es cobarde?/No lo creo.
18. Es natural en un chiquillo./Creo eso.
19. Todos teníamos miedo cuando éramos chicos./Es probable.

Practice 19

Continue as before.

1. Les interrumpí la conversación a mis amigos./No había querido eso.

2. ¿Me perdonarían?/Eso pedí.

3. Me perdonaron./Me alegraba de eso.

4. Me quedaría a cenar con ellos./Me invitaron.

5. ¿Cenaría en casa?/Eso no hacía falta.

6. No traje nada para la comida./Eso no importa.

7. ¿Me sentaría a la mesa?/Me hicieron . . .

8. ¿Pasaría la noche también?/Se empeñaban mis amigos en eso.

9. ¿Pasaría la noche afuera?/Eso no les habría gustado a mis padres.

10. Regresamos siempre a casa./Eso prefieren.

11. Pasar la noche con amigos./A veces me gustaría eso.

12. Pasar la noche con amigos./Pero ellos no me lo permiten.

13. ¿No me portaría bien?/Eso temen.

14. Me porto mal si quiero./Ellos no pueden impedirlo.

VIII. The Expression *ojalá*

The expression **ojalá (que)** (the **que** is optional) is always followed by the subjunctive. If the thing hoped for is within the realm of possibility, then the present or present perfect is used:

Ojalá que no llueva mañana. (It may.)
Ojalá no se haya olvidado de la cita. (Maybe he didn't.)

If the thought is, instead, a wish that things were different from the way they are (i.e., a contrary-to-fact notion), then the imperfect or pluperfect subjunctive is used:

Ojalá que no lloviera tanto. (But it is, or it does.)
Ojalá que nunca hubiéramos empezado esa guerra. (But we did.)

Notice that this distinction corresponds to the English distinction between hope and wish. A hope is capable of fulfillment; a wish is contrary to fact. Tense is not the deciding factor:

I hope she knows how to dance.	(now)
I wish she knew how to dance.	(now)
I hope he didn't hurt himself.	(past)
I wish he hadn't hurt himself.	(past)

Practice 20

Express the hope that things will happen or did happen as the item suggests. Use a shortened answer as shown.

MODEL: ¿Vendrá Gloria Estefan a esta universidad?
          Ojalá (que) venga.

1. ¿Volverán las tropas?

2. ¿Contesté bien esa pregunta?

3. ¿Tu papá ya mandó el cheque mensual?

4. ¿Se puede eliminar la pobreza en este país?

5. ¿No se murió Dick Tracy en la emboscada?

Practice 21

Wish that things were different.

1. Nunca habrá paz en el mundo.

2. Saqué mala nota en el último examen.

3. No tengo dinero para viajar.

4. Es obligatorio estudiar un idioma.

5. Tomé mucha tequila en la fiesta de anoche.

Practice 22

Hope for possible things; wish that established things were otherwise.

1. Estoy tan gordo (gorda).

2. ¿Podré seguir esta dieta?

3. Empecé muy mal anoche.

4. Todo lo que me gusta comer engorda.

5. ¿Habré perdido algunas libras hoy?

6. ¿Es necesario hacer mucho ejercicio también?

7. Todo lo bueno cuesta tanto trabajo.

8. ¿Por qué no me limité anoche a la ensalada?

9. ¿Ya sirvieron el almuerzo?

10. ¿Estaré más delgado (delgada) la semana que viene?

IX. The Expressions *tal vez, quizá(s),* and *acaso*

With these expressions (**quizá** may be used with or without the **-s**), either the indicative or the subjunctive is used. Theoretically, the subjunctive expresses a greater degree of uncertainty.

Practice 23

Answer by saying you don't know, maybe it's so. Use first **tal vez** then **quizá(s)**. Use the indicative in this set.

MODELS: ¿Saben esos indios que sus antepasados fueron aztecas?
No sé. Tal vez lo saben.

¿Es verdad que sólo comen frijoles?
No sé. Quizás es verdad.

1. Dicen que tienen los dientes perfectos.

2. ¿Se hicieron cristianos en el siglo quince?

3. ¿Hay algún protestante entre ellos?

Practice 24

Continue as before but this time use the subjunctive.

1. Se dice que los indios son más estoicos que los blancos.
2. ¿Mascaban coca también en México?
3. ¿Usarán hojas de coca para fabricar Coca-Cola?
4. ¿Tiene vitaminas la Coca-Cola?
5. ¿El que inventó la Inca-Cola del Perú fue un inca?
6. ¿O es que se prepara en la ciudad de Ica?

UNIT 8

The Subjunctive in Adverbial Clauses

Antes que te cases, mira lo que haces.

I. Adverbial Clauses

An adverbial clause is a sentence which functions like an adverb to modify the verb of another sentence of which it is a part:

> Vamos a la playa *ahora.* (**Ahora** is an adverb.)
> Vamos a la playa *cuando ustedes terminen de comer.* (**Cuando ustedes terminen de comer** is an adverb clause.)
> Other examples:
> Te lo explico *para que lo entiendas.*
> Cambien estas frases *como les expliqué ayer.*

The adverbial clause tells something about when, where, how, under what circumstances, or for what purpose the action of the main clause takes place. Such clauses are usually organized by the adverbial conjunction which links them to the rest of the sentence.

One group of adverbial conjunctions is always followed by the subjunctive:

> *Antes que* te cases, mira lo que haces.
> *Para que* se despierte David, hay que sacudirlo varias veces.
> *A menos que* me den esa beca, pienso pasar las vacaciones aquí.
> *A no ser que* se opusiera su padre, Pámela pensaba casarse en seguida.
> No podía casarse *sin que* le dieran permiso sus padres.
> Darían su permiso *con tal que* los dos terminaran sus estudios.

Another group is *never* followed by the subjunctive:

> *Puesto que* le traen otra cerveza, el cliente no se queja del servicio.
> *Ya que* no ha llovido este mes, tendremos que regar el jardín.

Practice 1

Rephrase the following sentences using the suggested conjunction.

MODEL: Primero mira lo que haces, luego te casas. (antes que)
Antes que te cases, mira lo que haces.

Vendrán si los invitamos. (con tal que)
Vendrán con tal que los invitemos.

1. No habrá comida para todos, si no se limita la población. (sin que)

2. Voy a llamar al mesero, y nos traerá más cerveza. (para que)

3. Quiero ver a José, que se marcha mañana. (antes que)

4. Te presto mi diccionario pero devuélvemelo hoy. (con tal que)

5. No podré estudiar en México si no me dan una beca. (a menos que)

6. Su padre no le deja manejar si no paga la gasolina. (a no ser que)

7. No tiene dinero. No puede pagar. (puesto que)

8. Hoy es domingo y el cartero no trabaja. (ya que)

9. Échale un poco de aceite a la cadena y no rechinará. (para que)

10. Era tan débil e inofensivo. Paco no parecía delincuente. (ya que)

11. Si uno no se cuidaba, le robaban hasta el oro de los dientes. (a menos que)

12. Vino la policía pero él echó a correr antes. (antes que)

13. Podía sacarle a uno la billetera y no sentía nada. (sin que)

14. Era ladrón y yo no le tenía lástima en absoluto. (puesto que)

15. Llevaría una vida miserable si no cambiaba de oficio. (a no ser que)

II. Subjunctive in Adverbial Clauses of Time

Clauses introduced by expressions like **cuando, en cuanto, tan pronto como, la próxima vez que,** etc., are in the subjunctive only when they refer to an unaccomplished act. The act is unaccomplished when it is still in the future. Notice that it is only the verb following the adverbial expression which is affected, not the verb of the main clause.

Unaccomplished: **En cuanto termine la guerra, las tropas empezarán a regresar.**

The act is accomplished when it is in the past:

Accomplished: **En cuanto terminó la guerra, las tropas empezaron a regresar.**

We are also talking about accomplished acts, and therefore use indicative forms when we refer to an act which is customary, often repeated:

Customary: **Cuando oigo la música de Mozart, siempre tengo que parar y escuchar.**

Unaccomplished: **Cuando oiga esta música, Gaby tendrá ganas de bailar.**

Sentences of this kind which are in the past may also have the subjunctive (in one of its past tenses) if the act referred to is future and unaccomplished from the standpoint of some moment in the past. Observe the following set of examples which illustrate this usage:

UNACCOMPLISHED IN THE PAST:

1. *La próxima vez que la vea,* le daré las gracias. (future)

2. Pensé que *la próxima vez que la viera,* le daría las gracias. (From the standpoint of when "I thought," the action of seeing her was still future, but now it is all in the past.)

3. *La próxima vez que la viera,* le daría un beso. (Here we have the same kind of sentence as in no. 2 with the *pensé que* left out.)

4. *La próxima vez que la vi,* le di un abrazo. (In this sentence, we simply tell what happened in the past, without any other past point of time, as we had in no. 2 and implied in no. 3.)

5. *Cuando la veía,* le daba un abrazo y un par de besos. (Like no. 4, except that the act was customary and repeated in the past.)

The expression **esperar a que,** meaning "to wait for" something to happen, is always followed by the subjunctive:

Tuvimos que esperar a que regresara David.

Practice 2

Choose the correct form.

1. Voy a escribirles cuando tengo/tenga tiempo.

2. Siempre les escribo a mis padres cuando tengo/tenga tiempo.

3. Jaime se levanta tan pronto como se despierta/se despierte.

4. Otros esperan hasta que se les llama/se les llame varias veces.

5. Después que termine/termina esta guerra espero que nunca comience otra.

6. En cuanto sale/salga Elena del hospital tendrá que tomar los exámenes finales.

7. La última vez que la vi/viera, estaba llena de salud.

8. La próxima vez que la veo/vea estará en una silla de ruedas.

9. Tiene que estar en el hospital hasta que se suelden/se sueldan los huesos rotos. (soldarse)

10. Aun cuando sale/salga no podrá caminar todavía.

11. Cuando se rompen/se rompan los huesos así en varios lugares, dura mucho la convalecencia.

12. Cuando los viejos se rompen/se rompan un hueso es aun peor.

13. Tan pronto como llegaron/llegaran al accidente empezaron a sacarla del coche.

14. Decidieron esperar hasta que llegara/llegó un médico antes de moverla.

15. Después que llegara/llegó el médico sabrían si era peligroso moverla o no.

16. Cuando llegó/llegara el médico les dijo que ella tenía las piernas quebradas.

17. Tan pronto como la sacaron/sacaran se desmayó de dolor.

18. Dijo el médico que no volvería en sí hasta que le dieran/dieron un estimulante.

19. Pero en cuanto dijo/dijera eso la víctima abrió los ojos.

20. Dice ella ahora que cuando compra/compre otro coche no será uno de los pequeños.

21. Digo yo que en cuanto Detroit fabrique/fabrica un coche razonable lo compraré.

22. Después que pasaran/pasaron de cuatro cilindros, los motores han sido cada vez más potentes.

23. Cuando bastan/basten cincuenta caballos de fuerza, ¿de qué sirven trescientos cincuenta?

24. Los coches importados serán populares hasta que los coches americanos dejan/dejen de ser unas monstruosidades.

25. Cuando manejo/maneje un enorme coche americano, me parece un barco.

26. Algunos esperaban a que cambió/cambiara de tema.

Practice 3

Both types of conjunctions, the first group and those of time, appear in the following sentences. Vary the basic sentence by preceding it with the different beginnings provided.

MODEL: Vienen a Hawai.

          ¿Tus padres vivirán contigo cuando...

          ¿Tus padres vivirán contigo cuando vengan a Hawai?

Basic sentence 1

Vienen a Hawai.

a.   Les envié dinero para que...

b.   Yo no los veré a menos que...

c.   Piensan visitar Kauai la próxima vez que...

d.   El año pasado no regresé de Samoa antes que...

Basic sentence 2

Hace ese trabajo.

a.   No distraigas a tu hermano ya que por fin...

b.   Podrá salir en cuanto...

c.   No salió anoche, puesto que no...

d.   Y hoy tampoco le doy permiso a menos que...

e.   Por lo general, jugamos a las cartas después que...

f.   Le gusta escuchar el radio cuando...

g.   Ayer tuve que castigarlo para que...

h.   Dice el profesor que sacará una A con tal que...

i.   ¿Cambiará de opinión después que...

Basic sentence 3

Cuento mis problemas.

a.   Todos son mis amigos hasta que les...

b.   Hasta mi novia me abandonó cuando le...

c.   Un siquiatra me invitó para que le...

d.   Me sirvió café y luego esperó a que le...

e.   Pero me cobró $100 después que le...

f.   Creía comprenderme ya que le...

g.   Yo preferiría que me pagaran dinero cuando...

h.   Los sicólogos no quieren escucharme a menos que les...

i.   Ustedes se sorprenderán cuando les...

j.   No se vayan hasta que les...

k.   Todos se marcharon después que les...

l.   Nadie se marchó antes que les...

m.   Se sentaron a escuchar ya que les...

n.   Se quedaron hasta después que les...

o.   No sé quién es mi amigo a menos que le...

p.   Me dijeron que esperarían a que les...

Basic sentence 4

Compone su coche.

a.   Esperé más de dos semanas a que David...

b.   No había manera de ir al centro sin que...

c.   Los vecinos le prestaron herramientas para que...

d.   Se las devolvió despúes que...

e.   Irá a un taller la próxima vez que...

f.   Lo ensucia todo cuando...

g.   Siempre se siente mejor en cuanto...

h.   Su novia dice que no sale más con él hasta que...

III. The Change of Subject Factor

Several of these adverbial conjunctions have corresponding prepositions (e.g., **antes que: antes de; para que: para***). The conjunction is used to link a following clause (i.e., conjugated verb) to the main clause, as in the items of the drills above. However, if the two verbs have the same subject, an infinitive is often used instead of a dependent clause. Compare:

Different subjects: **Los niños** desayunaron antes que **yo saliera para el trabajo.**

Same subject: **Los niños** desayunaron **antes de salir para la escuela.**

(See Unit 7 for the same phenomenon with noun clauses.) In the case of those conjunctions (e.g., **cuando, en cuanto***) that have no corresponding preposition, change of subject is irrelevant:

Pienso comprar un computador cuando llegue ese cheque.

Pienso vivir con mis padres cuando vuelva yo a California.

Prepositions corresponding to adverbial conjunctions are:

hasta	hasta que
después de	después que
sin	sin que
antes de	antes que
para	para que

Practice 4

Combine the sentences as shown in the models. Use an infinitive if there is no change of subject.

MODELS: El niño aprende a tocar. Los padres compraron el piano.
The parents bought the piano so the boy would learn to play.

Los padres compraron el piano para que el niño aprendiera a tocar.

I bought the piano to play it, not to look at it.
Compré el piano para tocarlo, no para mirarlo.

1. Aprendí a tocar. No leo música.
I learned how to play without reading music.

2. El niño abrió el candado. No le enseñé cómo hacerlo.
The boy opened the lock without my showing him how.

3. Sería mejor que no siguieras tomando. Te emborrachas.
It would be better if you wouldn't keep on drinking until you get drunk.

4. Yo siempre paro. No me emborracho.
I always stop before I get drunk.

5. Lees la frase en inglés. Dila en español.
After you read the sentence in English, say it in Spanish.

6. Él lee la frase en inglés. Tú la dirás en español.
After he reads the sentence in English, you'll say it in Spanish.

7. Las camas son altas. Así los enfermos pueden ver por las ventanas.
The beds are high so the patients can see out the windows.

8. No voy a acostarme. Vuelve mi compañero.
I'm not going to go to bed before my roommate gets back.

9. Nunca estudia. No toca música.
He never studies without playing music.

10. Apago la música cuando estudio. Así pienso mejor.
I turn off the music when I study so I can think better.

11. Hice la mesa. Así tengo donde trabajar.
I made the table so I'd have a place to work.

12. Tienes que practicar esta estructura. Luego la dominarás.
You have to practice this structure until you control it.

IV. *Mientras* with Subjunctive and Indicative

When **mientras** means *so long as,* it takes the subjunctive:

SO LONG AS:

Mientras no se controle la población del mundo, no se podrán solucionar los problemas de la raza humana.

Mientras fuera menor de edad, su madre podía impedir su matrimonio.

Like English *while,* **mientras** can mean *so long as,* expressing a complete overlapping, or it can suggest simply a partial overlapping of two actions or states. In the case of partial overlap, it takes the indicative. Thus:

APPROXIMATELY THE SAME TIME:

Practicarán el español mientras están en Centroamérica.

They'll practice their Spanish while they are in Central America.

Mientras tú terminas de vestirte, yo saco el coche y te espero en la calle.

While you finish dressing, I'll get the car and wait for you out in front.

Notice that in both of these sentences, the meaning is that two things are happening more or less at the same time, but the times are not exactly the same, as they would be if the idea were "so long as." If the first sentence said **Mientras estén en Centroamérica,** the idea would be: *So long as* they are in Central America.

Practice 5

Combine the sentences using **mientras** and expressing the idea that so long as the first action takes place, the second will result.

MODEL: Tocan esa música. No puedo estudiar.

Mientras toquen esa música no puedo estudiar.

1. Hay gente. Habrá contaminación.

2. No abandonamos la guerra. Hay miseria en el mundo.

3. El muchacho no estaba libre. No estaría contento.

4. Hacía buen tiempo. Podía trabajar en casa.

Practice 6

Rephrase beginning the sentence with **mientras and expressing the idea that the first and the second actions took place more or less at the same time.**

MODEL: Comemos y siempre vemos televisión.

   Mientras comemos siempre vemos televisón.

1. El mono baila y el viejo recoge las monedas.

2. El marido guiaba el coche y su esposa empujaba.

3. Los chicos se divierten con esa música. Los padres se quejan.

4. Él lava los platos y ella barre la cocina.

5. Él se afeita y ella prepara café.

Practice 7

Rephrase the Spanish sentences using **mientras** to express the idea given in English. Both types of sentences are mixed here.

1. Usan esa máquina. No se podrá ver la televisión.
   As long as they use that machine we won't be able to watch T.V.

2. No estarán contentos los padres. No trabajan los jóvenes.
   The parents won't be happy so long as the kids don't work.

3. Don Quijote piensa en grandes hazañas. Sancho piensa en su estómago.
   Don Quijote thinks about great deeds while Sancho thinks about his stomach.

4. El profesor escucha. Los alumnos conversan.
   While the professor listens, the pupils converse.

5. Si no cometen errores graves, no dirá nada.
   So long as they don't make serious mistakes, he won't say anything.

6. Unos piensan. Otros prefieren trabajar con las manos.
   While some think, others prefer to work with their hands.

7. Hay belleza y habrá poesía, decía Bécquer.
    So long as there is beauty, there will be poetry, said Bécquer.

8. Ellos se bañan. Ella preparará la cena.
    While they take a bath, she will fix supper.

9. Tendrán que practicar. No dominan la estructura.
    They'll have to practice so long as they don't control the structure.

10. Daniel trabajaba y asistía a la universidad.
    Dan worked while he went to college.

11. Ella podía seguir en la universidad. Tenía beca.
    She could continue at the university while she had a scholarship.

V. Subjunctive and Indicative with *aunque*

Aunque su apellido es Pahinui, ella no es hawaiana.

When the sentence talks about an objectively accepted truth, *aunque* is followed by the indicative. When the sentence expresses an action or state only possibly true, or an action or state contrary to fact, the subjunctive is used:

Aunque lleguemos algún día a Venus, no nos servirá de nada.

(We might but we haven't yet.)

Aunque la luna tuviera aire y agua no me gustaría vivir allí.

(But there is no air or water.)

This distinction is made in English by using *although* or *even though* for objective facts and *even if* for possibilities or things contrary to fact. Compare:

"Although her last name is Pahinui, she is not Hawaiian."

"Even if we get to Venus some day, it won't be of any use to us."

"Even if there were air and water on the moon, I still wouldn't want to live there."

The tense of the subjunctive used varies depending upon whether we are talking about a possibility or a situation contrary to fact, and whether we are talking about the past or not. Here are some examples:

Nonpast possibility:	**Aunque me ofrezcan un millón de dólares, no voy a vivir en Nueva York.** *Even if they offer me...*
Nonpast contrary to fact:	**Aunque me ofrecieran un millón de dólares, no iría a vivir en una ciudad tan grande.** *Even if they offered me...*
Past possibility:	**Dije que aunque me ofrecieran un millón de dólares, no iba a vivir en aquella ciudad.** *Even if they offered me...*
Past contrary to fact:	**Aunque me hubieran ofrecido un millón de dólares, no habría ido a vivir en Los Ángeles.** *Even if they had offered me...*

Practice 8

The following **aunque** clauses express possibilities. In English, we would say *even if*. Shift them to the past, beginning with **Dije que...**

1. Aunque haga todos los ejercicios, todavía no sabrá hablar español.

2. Aunque se corte ese árbol, no se verá el mar.

3. Aunque pasemos una semana en Cuba, no sabremos lo que ocurre.

Practice 9

These clauses express ideas contrary to fact. Shift them to the past.

1. Aunque el presidente no interviniera, ese candidato no podría ganar.

2. Aunque fueras mucho más fuerte, no podrías levantar una piedra así.

3. Aunque leyeras todos los libros de la biblioteca no lo sabrías todo.

Practice 10

Rephrase, using **aunque** and the subjunctive or indicative. Use the indicative for objective facts, otherwise use the subjunctive.

1. Me corté el dedo pero no me duele en absoluto.

2. Aun si no entiendes la oración, repítela con entusiasmo.

3. Aun si Eva no hubiera mordido la manzana, se habría corrompido el Edén.

4. David es vegetariano pero a veces come pescado.

5. Aun si vamos todos, no habrá quórum.

6. Fue pintado por un principiante pero es un cuadro fantástico.

7. ¿Trabajarán todo el día? Aun así no terminarán.

8. Aun si me dieran un sueldo enorme, no viviría en Nueva York.

9. Tiene cafés, teatros, museos, etcétera, pero también tiene muchísima gente.

10. Su apellido es Souza pero no habla portugués.

11. Aun si los portugueses no hubieran explorado esas rutas, se habría descubierto América.

12. Aun si invento cien frases, algunos no entenderán.

Practice 11

Rephrase the Spanish sentences using **aunque** to express the idea given in English.

1. La luna da luz. Es una luz reflejada.

   Although the moon gives off light, it is a reflected light.

2. Consigues un título académico. Pero es posible que no encuentres un buen trabajo.

   Even if you get a college degree, maybe you won't find a good job.

3. Tienes un doctorado. Eso no te garantiza empleo.

   Even if you had a doctorate, that wouldn't guarantee you a position.

4. ¿Tienen elecciones libres? Algunos países no tienen un gobierno democrático.

   Even if they had free elections, some countries wouldn't have a democratic government.

5. Nosotros preferimos la democracia. No todos piensan igual que nosotros.

   Although we prefer democracy, not everyone thinks as we do.

6. Tienes un doctorado. Eso no te garantiza empleo.

   Although you have a doctorate, that doesn't guarantee you a position.

VI. Emotional Reactions Expressed with *aunque* and the Subjunctive

The use of the subjunctive and indicative with **aunque** is further complicated by the fact that even when the statement refers to an accepted fact, the subjunctive may be used to show an emotional reaction to that fact. That is, it is accepted as fact but not accepted objectively. It is as if the speaker rebelled against the facts and behaved in an unexpected manner. Observe these examples:

> **—¡Y soy marxista! —afirmó el joven —aunque mi padre sea millonario.**
> *His father is a millionaire, that is true, and you wouldn't expect the son to be a Marxist, but he is anyway, in spite of that fact.*
> **¡Aunque tengan vitaminas, no me gustan las espinacas y no las como, así que déjenme en paz!**
> *I don't care if spinach does have vitamins, I don't like it, and I won't eat it, so leave me alone!*

Practice 12

Continue as in the previous exercise.

1. Es el vicepresidente pero no tiene derecho a insultarnos.
   Even if he is the vice-president, he has no right to insult us!

2. Sabe mucho, sí, pero no sabe enseñar en absoluto.
   Even if he does know a lot, he can't teach at all!

3. Tuve un accidente pero no tuve la culpa.
   Even if I did have an accident, it wasn't my fault!

4. Lo recomendaron, sí, pero es un candidato pésimo.
   Even if they did endorse him, he's a lousy candidate.

5. Contribuyeron mucho dinero a la campaña, pero él no los va a favorecer.
   Even if they did contribute a lot of money to the campaign, he won't favor them.

UNIT 9

* *

The Subjunctive in Adjective Clauses

Grillo, grillo; todo lo que encuentre para mi bolsillo.

I. The Subjunctive in Adjective Clauses

> Hay premios para todos los muchachos que lleguen.
> Todos los muchachos que llegaron recibieron premios.

An adjective clause is a clause that modifies a noun in the same way that an adjective does. Thus, in **el libro que tú me prestaste**, the clause **que tú me prestaste** modifies **el libro** (its antecedent) in the same way that the adjective **nuevo** does in **el libro nuevo**. The word **que**, as used here, is one of a number of similar words called relatives because they serve to "relate" the clause to the antecedent. For this reason, adjective clauses are also called relative clauses.

Subjunctive verb forms are used in adjective clauses when the antecedent is, in the mind of the speaker, nonexistent or unidentified. The most obvious cases are with negative antecedents, with inquiries about the existence of something, or statements about the characteristics of items desired but not yet possessed or found.

> No hay ***nada que te guste más que el chocolate.* (Nada** is a negative antecedent. No such thing exists.)
> No conozco a ***nadie que coma tanto como tú.* (Nadie** is negative. I don't know anybody like that.)
> ¿Hay ***alguien*** aquí ***que viva en el centro?*** (Is there anybody like that?)
> Necesito una ***persona que sepa español y que pueda trabajar 20 horas por semana.*** (A looked-for but unidentified person.)
> Escribió un ingeniero guatemalteco pidiendo ***folletos que explicaran el uso de las sustancias radioactivas.*** (He requests pamphlets which may or may not exist. He hopes so.)

In other cases, a given sentence may contain either the indicative or subjunctive, depending on whether the antecedent is viewed as being already existent or identified. Thus, in:

Haré *lo* que *dice* Tomás.
Thomas has already said what should be done, but in

Haré *lo* que ***diga*** Tomás.
Thomas has not yet told us what to do and he may or may not tell us something. Similarly, **Llévese el libro que quiera** means *Take any*

book you want, but, **Llévese el libro que quiere** means *Take the* (already identified) *book you want.*

Practice 1

Change the following sentences to the imperfect, changing the present subjunctive to the past subjunctive. Try to picture the meaning of each sentence in your mind.

MODEL: Deseo comprar un coche que dure veinte años.

Deseaba comprar un coche que durara veinte años.

1. Nunca he visto un volcán que sea tan activo como éste.
2. Estoy buscando una herramienta que me sirva.
3. Prefiero bailar con alguien que no me pise los pies.
4. Deseo estudiar con profesores que no sean extremistas.
5. Los profesores que no escriban artículos pueden perder su puesto.
6. No hay nadie en el mundo que sea más guapa que tu novia.
7. Necesitamos una universidad que de veras eduque a los jóvenes.
8. Espero una carta que traiga buenas noticias.
9. ¿El profesor les da a los alumnos datos que les ayuden?
10. Quienquiera que venga a mi casa lo invito a comer.
11. Cualquiera que le preste dinero dejará de ser su amigo.

Practice 2

Change the following statements in the indicative to questions using the subjunctive in the relative clause to express the undetermined nature of the antecedent.

MODEL: Conoces a una persona que me puede ayudar. (That person exists.)

¿Conoces a una persona que me pueda ayudar? (Is there such a person?)

1. Tienes comidas que no tienen tanta grasa.
2. Ha llegado alguien que me conoce y me puede identificar.
3. Hay libros que valen más de diez mil dólares.

4. Había chicos en tu clase que no tenían casa.

5. Esa universidad tenía profesores que expresaban opiniones políticas en la clase.

6. Has encontrado un procedimiento que nos resuelve el problema.

7. Conoces un buen sitio en que podemos hacer un picnic.

Practice 3

Change the sentences to the negative by replacing **algo, alguien,** and **alguno** or **uno** with **nada, nadie,** and **ninguno,** and by using the subjunctive where appropriate. Pay attention to the denial of existence of the antecedents.

MODEL: He visto algo que me interesa.

No he visto nada que me interese.

1. El médico me dio algo que me curó el catarro.

2. En ese hospital hay alguien que hace milagros.

3. La farmacia vende medicinas que sólo cuestan cinco dólares.

4. Tomo algo que es mejor que aspirinas.

5. Hay alguien que sabe curar el SIDA.

6. Encontré una frase que no tenía errores.

7. Vi a uno de mis amigos que estudiaba en la biblioteca.

Practice 4

Select the correct verb form.

1. A veces encuentro cuadros hermosos que _____ (cuestan, cuesten) muy poco.

2. Estoy buscando cuadros que _____ (cuestan, cuesten) poco.

3. ¿Hay una película en el centro en que _____ (hablen, hablan) animales?

4. Ayer vi una película en que _____ (hablaban, hablaran) animales.

5. Hoy no hay películas en que _____ (presenten, presentan) animales parlantes.

6. ¿Dónde estaba el empleado que _____ (hablaba, hablara) francés?

7. ¿Había un turista que _____ (hablaba, hablara) alemán?

8. Yo conocía a un chico que _____ (sabía, supiera) silbar con los dientes.

9. ¿Conoces a alguien que _____ (sabe, sepa) hacer tal cosa?

10. Yo tomé una clase que te _____ (conviniera, convendría) mucho.

11. ¿Has encontrado algo que te _____ (sirve, sirva)?

12. No, no he encontrado nada que me _____ (sirve, sirva).

13. Carlos tampoco encontró un libro que le _____ (ayudara, ayudaba).

14. Lo que usted _____ (dijo, dijera) no era justo.

15. Habla, amor mío. Lo que tú _____ (digas, dices) es lo que yo haré.

Practice 5

Complete the following sentences with either **que tenga(n) un millón de dólares** or **que tiene(n) un millón de dólares,** depending on the context.

1. Allá va un muchacho...

2. ¿Tienes un amigo...

3. No, no conozco a nadie...

4. Yo sí conozco a varias personas...

5. Me dicen que hay un vecino nuestro...

6. Algunos inversionistas andan buscando a alguien...

7. En efecto, ayer hablaron con mi prima...

8. ¿Tú vas a llamar a ese amigo tuyo...

9. Mañana va a llegar un árabe...

10. De dos posibles candidatos siempre escogerán al...

11. En el mundo hay pocos...

12. ¿Hay entre tus amigos uno...

13. Sí, hay por lo menos tres o cuatro...

14. Pepita y Ramón dicen que saldrán con cualquiera...

Practice 6

This exercise contains pairs of sentences which contrast the indicative and the subjunctive. Complete each sentence, using the correct form of the two indicated possibilities.

1. No doy regalos que _____ (valen, valgan) poco.

   Pues, yo tengo algo para ti que _____ (vale, valga) poco.

2. Buscaba una persona que _____ (tocaba, tocara) la trompeta.

   Encontré a una persona que _____ (tocaba, tocara) la trompeta.

3. Tenía un reloj que _____ (funcionaba, funcionara) bien.

   Quería un reloj que _____ (funcionaba, funcionara) bien.

4. Esperaba encontrar un folleto que _____ (explicaba, explicara) el subjuntivo.

   Encontré un folleto que _____ (explicaba, explicara) el subjuntivo.

5. Haremos lo que ustedes _____ (prefieren, prefieran) —lo que acaban de recomendar.

   Haremos lo que ustedes _____ (prefieren, prefieran) —no importa lo que sea.

6. En Hawai no hay japoneses que sólo _____ (hablan, hablen) japonés.

   Tengo un amigo que se casó con una mujer que sólo _____ (habla, hable) japonés.

7. Pida usted la bebida que le _____ (gusta, guste) más —cualquiera que sea.

   Pida la bebida que le _____ (gusta, guste) más —la que siempre toma.

8. Voy a quitar los vasos que _____ (están, estén) rotos.

   Veo que son cuatro.

   Debes quitar cualquier vaso que _____ (está, esté) roto. ¿Cuántos hay?

Practice 7

Supply the correct form of the indicated verb, according to the meaning of the sentence.

1. Aquí estamos a medianoche con un coche que no _____ (funcionar).

2. No debiste comprar este coche sino uno que _____ (estar) en mejores condiciones.

3. ¿Conoces un taller que _____ (estar) abierto a esta hora?

4. ¿Hay una gasolinera aquí cerca que nos _____ (poder) ayudar?

5. ¿Tienes una herramienta que _____ (servir) para quitar la llanta?

6. Creo que aquí hay algo que _____ (servir) para eso.

7. No, no hay nada aquí que _____ (resolver) el problema.

8. ¿Acaso conoces a alguna persona que _____ (vivir) por aquí?

9. Sí, allí mismo vive un chico que _____ (conocer) en la playa hace unos años.

10. Si recuerdo bien, es un chico que _____ (saber) mucho de automóviles.

11. A lo mejor tendrá alguna idea que nos _____ (sacar) del apuro.

12. Llámalo, a ver si recomienda algo que nos _____ (permitir) marcharnos.

13. Es posible que no haya nada que _____ (arreglar) mi pobre coche.

14. Estamos salvados. Hablé con el chico y él ha llamado a un taller que _____ (estar) abierto 24 horas diarias. Será cosa de unos cuantos minutos.

15. Bueno, pero es la última vez que salgo con un muchacho como tú que _____ (comprar) un coche por cien dólares.

UNIT 10

Sentences with *si*

Si quieres acertar, casa con tu igual.

I. *Si* Corresponding to English *Whether*

> Me pregunto si habrá paz o si siempre habrá guerra.
> *I wonder if there will be peace or if there will always be war.*
> No sé si mis amigos vienen hoy.
> *I don't know whether my friends are coming today.*

One kind of sentence with **si** sets up two possible alternatives: **habrá paz o siempre habrá guerra.** Sometimes the second alternative is just the opposite of the first, and it may be left understood: **No sé si vienen hoy (o no).** The "if" clause in this type of sentence is an implied question: **¿Vienen hoy? ¿Habrá paz?**

In Spanish sentences of this kind, where **si** corresponds to English *whether,* or to *if* in the sense of *whether,* any indicative tense may be used.

Practice 1

Combine the following sentences to form *whether* sentences.

> MODEL: ¿El flaco le robó el reloj al gordo o no? No sé. (No sé...)
> No sé si el flaco le robó el reloj al gordo o no.

1. ¿Irá al seminario? Ted mismo no sabe. (Ted mismo no sabe si...)

2. ¿Están muertas todas las cucarachas? Eso lo veremos. (Veremos si...)

3. ¿Vamos a vender la casa o a alquilarla? Hay que decidir. (Hay que decidir si...)

4. ¿Querían acompañarnos al concierto? Les pregunté eso. (Les pregunté si...)

5. ¿Había dicho que sí o que no? Yo no recordaba. (Yo no recordaba si...)

II. Conditional Sentences with *si*

Other sentences using **si** mention a condition and a result which follows from the condition:

> 1. **Si puedo vender esta bicicleta, compro la tuya.**
>   *If I can sell this bike, I'll buy yours.*
> 2. **Si tuviera el dinero, la compraría hoy.**
>   *If I had the money, I'd buy it today.*
> 3. **Si mañana se prohibieran los autos, habría una revolución.**
>   *If they banned cars tomorrow, there'd be a revolution.*
> 4. **Si Kennedy no hubiera ido a Dallas, probablemente estaría vivo hoy.**
>   *If Kennedy hadn't gone to Dallas, he'd probably be alive today.*

If we look at the first clause, the "if" clause, of sentence (1), we see that in **Si puedo vender esta bicicleta** there is no implication that the speaker will or will not be able to sell the bike. He may or may not be able to. This kind of condition is often called a *simple condition*. A term which may be more meaningful is *possible condition*, that is, the condition is a possibility which may or may not occur. Spanish uses the indicative in such sentences.

The "if" clauses of the other three examples—**Si tuviera el dinero, Si mañana se prohibieran los autos,** and **Si Kennedy no hubiera ido a Dallas**—all imply that these conditions are either contrary to the facts or at least very improbable. The imperfect subjunctive or the pluperfect subjunctive is used in the "if" clause to express the improbability or contrary-to-fact quality. Compare:

> 5. **Si mañana se prohiben los autos, habrá una revolución.**
> 6. **Si mañana se prohibieran los autos, habría una revolución.**

In sentence (5), the speaker does not suggest whether the condition is likely to happen or not, he simply states what will be the result if it does occur. In sentence (6), he implies that such a crazy thing is not likely to happen but he states what would be the result if it did.

Notice that in "if" sentences in Spanish, the present subjunctive and the present perfect do not occur (with a trifling exception best ignored for now). Possible conditions are expressed with the indicative; contrary-to-fact and improbable conditions are expressed with an imperfect or a pluperfect subjunctive.

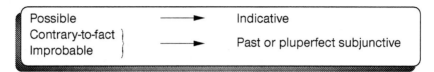

Possible	⟶	Indicative
Contrary-to-fact ⎫	⟶	Past or pluperfect subjunctive
Improbable ⎭		

Notice that sentences with **como si** *(as if),* which by its meaning always refers to contrary-to-fact notions, always have their verb in the imperfect or pluperfect subjunctive:

José es ciego pero habla de los colores como si los viera.

Practice 2

Rephrase the following sentences to form conditional sentences with **si**. These will be of the possible condition type.

MODEL: En caso de que tomes café, no dormirás bien. (Si...)
Si tomas café no dormirás bien.

1. ¿Tu número no está en la guía de teléfonos? Luego no te molestan. (Si tu número...)

2. ¿No votaron? Luego no tienen derecho a quejarse. (Si no...)

3. Puede ser que no se metan en la política. En ese caso no se harán los cambios necesarios. (Si no se...)

4. ¿Les dejamos la política a los negociantes y abogados? Entonces el futuro será como el pasado. (Si...)

5. En caso de que ustedes se acuesten después que yo, apaguen las luces. (Si ustedes...)

6. ¿Terminaba en "g" el apellido? Entonces no era castellano. (Si...)

7. Cuando hay mucho ruido no puedo trabajar. (Si...)

8. En caso de que se despierten los niños, habrá mucho ruido.

III. Possible Conditions in the Past

When possible conditions are in the past, there is a tendency to confuse them with contrary-to-fact or improbable conditions. Observe these examples (See also Unit 6):

> Si no llevas zapatos, te vas a lastimar los pies.
> Le dije que si no llevaba zapatos, se iba a lastimar los pies.
> Si no me levanto pronto, perderé el autobús.
> Si no me levantaba pronto, perdería el autobús.

Practice 3

Shift these sentences to the past, keeping them as possible conditions. Begin your sentence with the phrase given in parentheses.

MODEL: Si tomo café con la cena, no puedo dormir. (Creía que...)
              Creía que si tomaba café con la cena no podía dormir.

1. Si Felipe no encuentra trabajo, se morirá de hambre. (Dijo que...)

2. Si sigo comiendo así voy a engordar mucho. (Pensé que...)

3. Si vamos al mercado en la mañana, todo estará más fresco. (Me dijo que...)

4. Si se unen de veras, los estudiantes ganarán la huelga. (Sabían que...)

5. Si publican los nombres, la policía los detendrá. (Se sabía que. . .)

6. Si encuentro un apartamento decente, lo alquilo en seguida. (Decidí que...)

Practice 4

A pair of sentences will give you some facts. Devise a contrary-to-fact conditional sentence telling what would happen or would have happened if things were or had been otherwise.

MODEL: Hay cucarachas. Hay que fumigar.
              Si no hubiera cucarachas, no habría que fumigar.

1. Colón se equivocó. Descubrió América.

2. Felipe encontró trabajo. No se murió de hambre.

3. Felipe tiene que trabajar. No puede conversar ahora.

4. Felipe no tiene esposa. No tiene que ganar más dinero.

5. Los maestros recibían un salario de hambre. Se declararon de huelga.

6. Miguel no habla español. No se divierte mucho.

7. No sé español. Estudio estos ejercicios.

8. Esa señora está de mal humor. Se queja tanto.

9. No sabe organizar el tiempo. Siempre está ocupada.

Practice 5

The following items suggest some unlikely events. Make conditional sentences about these improbable happenings.

1. ¿Llegará la temperatura a ciento diez grados en San Francisco? Mucha gente morirá.

2. ¿Perderá David sus lentes de contacto? Le dará un gran disgusto.

3. ¿Cometerá un error el profesor? Los estudiantes perderán su fe en él.

4. ¿Lloverá en el Desierto de Atacama? Será un desastre.

5. ¿Encontraré un millón de dólares? Sabré gastarlos.

Practice 6

This is a mixed drill in which all kinds of constructions with **si** are found. Change the infinitives given in parentheses so that the Spanish sentence will accurately translate the English sentence.

1. If we brought a pig here, the neighbors would complain.

   Si (traer) un cerdo aquí, (quejarse) los vecinos.

2. If we bring a pig here, the neighbors will complain.

3. If we had brought the pig here, the neighbors would have complained.

4. Do you know if they brought the pig here?

5. If we bought two newspapers, we'd get all the news.

   Si (comprar) dos periódicos, (ver) todas las noticias.

6. If you buy two papers, you'll get all the news.

7. I asked my friend if he had bought two newspapers.

8. He said that if I bought two newspapers, I'd get all the news.

   (Use a possible condition, not an improbable one).

9. If you give your son a monkey, he'll be crazy with joy.

   Si le (dar) un mono a tu hijo, (estar) loco de alegría.

10. If I gave him a monkey, I'd go crazy.

    Si le (dar) un mono, yo (volverme) loco.

11. If they could talk Spanish constantly, they'd soon learn.

    Si (poder) hablar español constantemente, (aprender) pronto.

12. If you study any subject all the time, you learn it.

    Si uno (estudiar) cualquier materia todo el tiempo, la (aprender).

13. If it doesn't rain today, it'll rain tomorrow.

    Si no (llover) hoy, (llover) mañana.

14. If you turned on the fan, you wouldn't be so hot.

    Si (poner) el ventilador, no (tener) tanto calor.

15. If I ate a heavy lunch, as they do in Mexico, I'd have to take a nap too.

    Si (comer) tanto como lo hacen en México, (tener) que echar una siesta también.

16. If they don't come soon, I'll go without them.

    Si no (venir) pronto, (ir) sin ellos.

17. If there wasn't any coffee, they drank tea.

    Si no (haber) café, (tomar) té.

18. If there hadn't been any coffee, they'd have drunk tea.

19. He's as happy as if he were rich.

    (Estar) tan contento como si (ser) rico.

20. If he finishes college, he'll have a good job.

    Si (terminar) su carrera, (tener) un buen puesto.

21. He wouldn't have been able to study if they hadn't given him a scholarship.

    No (poder estudiar) si no le (dar) una beca.

22. If you didn't put on enough stamps, they'd return the letter to you.

    Si tú no (poner) bastantes estampillas, te (devolver) la carta.

23. If I didn't put on enough stamps, they returned the letters to me.

24. They returned the letter to me as if I hadn't put on enough stamps.

UNIT 11

The Articles:
Use and Non-Use

Si quieres fortuna y fama, no te halle el sol en la cama.

I. General Statements

The definite articles in Spanish are **el, la, los, las** (and the neuter article **lo**), which correspond in meaning to *the* in English. Their usage, in general, is similar to the use of the English definite article. However, there are a number of differences in usage.

In general statements, English omits the article, whereas Spanish uses it.

a. Los gatos son más limpios que los perros.

Cats are cleaner than dogs.

Sí, pero yo tengo alergia a los gatos.

Yeah, but I'm allergic to cats.

b. Por eso nunca teníamos gatos en la casa. Vivían afuera.

That's why we never had cats in the house. They lived outside.

c. ¿De que sirve el azúcar? No hace más que crear caries.

What is sugar good for? All it does is create cavities.

Si es tan inútil, ¿por qué producimos azúcar?

If it's so useless, why do we produce sugar?

No sé pero yo uso azúcar en mi café porque me gusta.

I don't know but I use sugar in my coffee because I like it.

In (a) the statements about cats and dogs are meant to refer to these animals as a general class. Spanish expresses this by using the article. English does the opposite. In (b) the reference is not to all cats but to some. Here, both languages omit the article. In (c) the statement "we produce sugar" does not refer to sugar in general, that is, to all sugar as a class. It refers to some sugar, the sugar we produce. And I use some sugar, not sugar as a class, in my coffee.

Practice 1

Provide an article in the blank if one is needed.

1. When was television invented?

¿Cuando se inventó ___ televisión?

2. I don't know but people thought it would be the death of the movies.

   No sé pero ___ gente creyó que sería la muerte del cine.

3. But there still are movie theaters in every town.

   Pero todavía hay ___ teatros de cine en todo pueblo.

4. Besides, nowadays, movie theaters are often multiplexes with several sections.

   Además, hoy día, ___ salas de cine con frecuencia son multicines con varias secciones.

5. Also, screens are much bigger now.

   También, ___ pantallas son mucho más grandes ahora.

6. People like to get out of the house and see the latest movies.

   A ___ gente le gusta salir de la casa a ver las últimas películas.

7. New movies are not available in video.

   ___ películas nuevas no se consiguen en vídeo.

8. Me gustan ___ películas dramáticas más que ___ documentales.

9. En el supermercado hoy día se alquilan ___ vídeos y se venden ___ flores.

10. Yo alquilo ___ vídeos, no los compro.

II. Titles

When speaking about a person and using the person's title, the definite article is used in Spanish but not in English.

La profesora Méndez no está.
Professor Méndez is not in.

el presidente Carter, *el* capitán Moreno

However, the article is not used when speaking directly to the person:

Capitán Moreno, ¿dónde está el sargento García?

Profesor Gates, ¿qué pasa con el computador?

With the titles **don, doña, san** and **santo,** articles are not used:

Don Julio ya se fue, pero doña Marta está.

¿Dónde nació Santa Teresa? ¿San Diego fue el hermano de Jesús?

Practice 2

Supply the article where it is needed.

1. ¿Qué hacemos ahora, ___ profesor Delgado?

2. No me contestó ___ profesor Delgado.

3. Perdone, ___ profesor Rosado, ¿lo sabe usted?

4. ___ senador Cohen no vive en Washington.

5. No sé si ___ Santa Teresa fue mexicana o española.

6. ___ capitán Robledo y ___ teniente Castro llegan a las 10:00 esta noche.

7. Y usted, ___ sargento Cruz, ¿se queda aquí?

8. Sí, estoy esperando a ___ profesora Smith.

9. ___ don Arturo murió en la guerra civil.

10. Dígame, ___ doña Elena, ¿usted ha viajado a Europa?

III. Definite Article Instead of the Possessive

When speaking of such things as parts of the body or clothing being worn at the time of speaking, Spanish speakers usually use a definite article rather than a possessive as in English.

En Hawai, como en el Japón, la gente se quita *los* zapatos o *las* chancletas al entrar en la casa.

*In Hawaii, as in Japan, people take off **their** shoes or **their** slippers when they go into the house.*

Ponte *la* chaqueta, hijo, hace mucho frío.
*Put on **your** jacket, son, it's pretty cold outside.*

Ya me lavé *las* manos.
*I already washed **my** hands.*

Toma, ponte *mi* suéter, no me hace falta.
*Here, put on **my** sweater, I don't need it.*

Practice 3

Express in Spanish the idea given in English, using the vocabulary elements provided:

1. Did you take off your shoes?

   (ustedes, quitarse, zapatos)

2. Put up your hands!

   (levantar, manos)

3. I left your hat in the car.

   (dejar, sombrero, coche)

4. Stick out your tongue and say *aah*.

   (sacar, lengua)

5. My throat hurts.

   (me duele, garganta)

6. Close your books.

   (cerrar)

IV. Names of Languages

The article el is normally used with names of languages:

Mi novia cree que *el* italiano es muy romántico
My fiancée thinks Italian is very romantic.

El ruso es más complicado que *el* español.
Russian is more complicated than Spanish.

However, after **en, de, hablar, saber** and a few other verbs often used to speak of languages, the article is usually omitted:

¿Tú *sabes* chino?
No, pero este semestre *estudio* japonés.

¿Esa novela fue escrita primero *en* español o *en* inglés?
Fue escrita *en* inglés por un profesor *de* español.

¿Ustedes *hablan* portugués en casa?
Tú hablas muy bien *el* portugués.

Practice 4

Express in Spanish the ideas given in English, using the patterns given above.

1. English is the second language in Japan.

2. And the pilots of all airlines have to speak English, right?

   (pilotos, líneas aéreas)

3. In American schools, Spanish is the language most commonly taught.

   (el idioma que más se enseña)

4. Did you say that in French or in Spanish?

5. In Spanish, I don't speak French.

6. Catalan and Galician are Romance languages, aren't they?

   (lenguas románicas)

7. And Basque, is it a Romance language, too?

   (vascuence)

8. *A Hundred Years of Solitude* was written in English?

9. No, in Spanish. The author was Colombian and his native language was Spanish.

   (lengua materna)

10. This is my third year of Spanish.

11. Not all Hispanics know more Spanish than we do. (que nosotros)

V. *El* vs. *La* with Feminine Nouns

There are two forms of the feminine singular definite article: **el** and **la**. The form **el** is used before nouns beginning with a stressed [a] sound (spelled **a** or **ha**).

In the plural only **las** is used.

el águila	–	las águilas
el hacha	–	las hachas
el agua	–	las aguas

But not **la hamaca** or **la alhaja**, or others where the initial **a** is not stressed.

Practice 5

Supply the article:

1. ____ asa	4. ____ abeja	7. ____ ala	9. ____ hadas
2. ____ ama	5. ____ hada	8. ____ acera	10. ____ alas
3. ____ hachas	6. ____ agua		

VI. No Article in English vs. Article in Spanish with Days of the Week and Other Phrases

Definite articles are used in Spanish, though not in English, with days of the week, points of the compass, and with a number of phrases using **a** or **en**:

The party will be on Friday at seven. On Fridays there aren't any classes in the afternoon.
La fiesta será el viernes a las siete. (Note: no *en.*) Los viernes no hay clases por la tarde.

The workers have a party every Friday.
Los obreros tienen fiesta todos los viernes.

Go west, young man. Don't go south.
Vaya al oeste, joven. No vaya al sur.

Are you going to school now?
¿Vas a la escuela ahora?

in or at school – en la escuela
to school – al colegio
in class – en la clase
in or at church – en la iglesia (but **Voy a misa.**)
in or at college – en la universidad

Practice 6

Create sentences using these words:

1. norte	4. iglesia	7. domingo	9. colegio
2. sábados	5. universidad	8. oeste	10. misa
3. todos	6. clase		

Practice 7

Create sentences using the Spanish version of these ideas:

1. to mass	4. on Sunday	7. to college
2. to church	5. in class	8. south
3. in school	6. every Wednesday night	9. in college

Proverbial expression: **En todo está menos en misa.** *He gets involved in everything but his own business,* or *She's everywhere but where she should be.*

VII. Geographical Names

A. The definite article is used with certain geographical names. There are two groups. Those in the first group are always accompanied by the article:

(1) El Cairo   El Callao   el Congo   la Coruña   las Filipinas
     la Florida   La Habana   la Haya   la India   el Líbano
     la Mancha   la Rioja   el Senegal

Those in the second group are accompanied by the article in careful or formal style but the article is often omitted in journalistic or casual style:

(2) la Argentina el Brasil   el Camerún   el Canadá   la China
     el Ecuador   el Japón   el Paquistán el Paraguay el Perú
     el Sudán   el Tibet   el Uruguay   el Vietnam

Note: Verb agreement with **los Estados Unidos** may be singular or plural. With **Estados Unidos** it is singular.

Los Estados Unidos tienen las mejores bandas del mundo, dice mi sobrino.

Los Estados Unidos tuvo una guerra contra Iraq.

Estados Unidos votó contra sus aliados.

B. The definite article is required when a geographical name is modified by an adjective or adjectival phrase:

la España del siglo veinte   la Europa medieval
la República Argentina

Practice 8

Create sentences using the following names or phrases in formal style:

1. Francia	8. Japón	15. Estados Unidos
2. antiguo Tibet	9. Líbano	16. Filipinas
3. Canadá	10. Congo	17. Alemania
4. Perú	11. Rioja	18. Irlanda
5. Portugal del siglo dieciséis	12. Andalucía	19. Irán
6. Inglaterra	13. Rusia	20. Kosovo actual
7. China	14. Sudamérica	21. América del Sur

VIII. Indefinite Articles and Predicate Nouns

Su padre fue carpintero pero él es programador de computadores.
*His father was **a** carpenter but he is **a** computer programer.*

¿Tu novia es católica?
*Is your fiancée **a** Catholic?*

The indefinite article is not used in Spanish before unmodified nouns which put people in categories such as occupation, religion, nationality and the like. Hovever, if the noun is modified, the article is used:

Mi amiga es una cubana de familia española.
Es una bautista bastante liberal.

Practice 9

Give sentences in Spanish classifying your friend in the following ways:

My friend is:
1. an Englishman
2. an American
3. an atheist
4. an anti-Castro Cuban (anticastrista)
5. a student
6. an Argentine from Tucumán
7. a good person
8. a Peruvian
9. a doctor
10. an excellent doctor
11. a housewife (ama de casa)
12. a Catholic
13. an indifferent Catholic
14. a journalist

IX. The Neuter Article *lo*

This article is not used with nouns, since they are either masculine or feminine.

It is used with adjectives, past participles (which are verbal adjectives) and adverbs in the following manner:

Lo bueno era que la economía estaba muy fuerte.
The good thing or part was that the economy was very strong.

Lo malo era que mi sueldo no había subido.

Hemos hecho lo posible.

Lo hermoso debe combinarse con lo útil.

No me daba cuenta de lo enfermas que estaban. *(how sick they were)*

¿Has visto lo bien que tocan la guitarra? *(how well they play)*

Lo terminado está muy bien pero no es suficiente.

Practice 10

Using the **lo** construction, complete the following sentences with the idea given:

1. Este capítulo es_____ del libro. (the best part)

2. Me encanta _____ de tus ideas. (the originality)

3. A mi esposa le sorprende _____ pronuncias el español. (how well)

4. Y a ti te extraña _____ ella pronuncia el inglés. (how badly)

5. Yo no sabía _____ es ella. (how intelligent)

6. _____ de este cuadro es el uso de los colores. (the most interesting aspect)

7. _____ es que ustedes comprendan lo que están diciendo. (the essential thing)

UNIT 12

Verb-Object Pronouns

Palabras y plumas se las lleva el viento.

I. Direct Objects

Me pagaron *el dinero* pero *lo* perdí.
Llegó la *profesora* nueva pero no *la* he visto todavía.

In order to avoid repetition of noun objects, they are often replaced by shorter pronoun forms. These pronoun objects precede most verb forms. For third person direct objects, the forms are **lo, la, los,** and **las.**

Practice 1

Finish the sentences with the correct form of **pero lo perdí.**

MODEL: Me compré un diccionario español...
          pero lo perdí.

1. Me trajeron tres cartas...

2. Ayer terminé los temas...

3. Me regalaste una foto de tu hermana...

4. Antes tenía otra llave...

5. Debía llevarle esas piedras al profesor de ciencia...

6. Lo que traía era para ti, mi vida,...

7. Traje un molcajete cuando volví de México...

8. Me hicieron otra copia...

9. Esas herramientas eran de mi papá...

Practice 2

Answer the questions using pronouns instead of noun objects.

MODEL: ¿Pediste este café?
          No, no lo pedí. (Sí, lo pedí.)

1. ¿Trajiste la leche?

2. ¿Viste esa película argentina?

3. ¿Escribiste las respuestas?

4. ¿Compraste la gasolina que necesitamos?

5. ¿Serviste los postres?

6. ¿Lavaste los platos?

7. ¿Cortaste el queso?

8. ¿Limpiaste las frutas?

9. ¿Pusiste la mesa?

II. Indirect Objects

For third person indirect objects, the pronoun forms are **le** and **les.** *

Practice 3

Repeat the sentences using **le** or **les** as appropriate.

> MODEL: Hablé con mi papá pero no _____ dije la verdad
> ... pero no le dije la verdad.

1. Hablé con mis amigos pero no _____ dije la verdad.

2. Ella es antipática y nunca _____ hablo.

3. Yo sé que son mis padres pero no _____ debo nada.

4. A las chicas nunca _____ enseño fotos de mi novia.

5. Sí, usted es mi amiga pero aun así, no _____ digo todos mis secretos.

6. Al profesor no _____ negué que no había estudiado.

7. Ella me preguntó qué hacía pero no _____ confesé nada.

8. A los chicos no _____ permito que salgan de noche.

---

* In some dialects, especially Castilian, these forms are also used as direct objects when referring to men (but not to women or things). **La** and **las** are also used in parts of central and northern Spain as indirect objects.

9. La niña estaba tan sucia que _____ tuvimos que lavar la cara antes de entrar.

10. A ustedes _____ repito lo que dije antes.

Practice 4

Reply negatively, replacing the **person** noun object with a pronoun, direct or indirect, as appropriate. (The person is an indirect object when there is another object present.)

MODEL: ¿No debes nada a tu padre?
          No, no le debo nada.

1. ¿Despiertas a tus hermanos por la mañana?

2. ¿Hablas en español a tus amigos?

3. ¿Conoces a la hermana de Julio Verne?

4. ¿No contestas a tu mamá cuando te echa un sermón?

5. ¿Anuncias las fiestas a los estudiantes de primer año?

6. ¿Explicas los problemas a tus padres?

7. ¿Detiene la policía a los que fuman?

8. ¿Miran ustedes a las chicas cuando pasan?

9. ¿Enseñaste ese calendario a Marcos?

Practice 5

Use indirect or direct object forms as appropriate.

1. ¿Quién es ese hombre?

   No sé, no _____ conozco.

2. ¿Mostraste el documento al jefe?

   Sí y _____ mostré la carta también.

3. ¿Ustedes anunciaron la fiesta en sus clases?

   No _____ anuncié yo pero el profesor sí.

4. ¿Los viejos aceptan las ideas nuevas?

   Analizan las ideas pero no _____ aceptan.

5. ¿Se acuerda usted de mí?

   No, señor, no creo haber _____ visto antes.

6. ¿Tienes un regalo para tu hermana?

   Sí, _____ compré unos dulces.

7. ¿Dónde puedo esconderme?

   A usted, señorita, _____ vamos a esconder bajo esa cama.

8. ¿Y cuándo me van a explicar todo esto? —preguntó la señorita.

   A usted no _____ vamos a explicar nada.

9. ¿Por qué perdió tu amigo tan fácilmente?

   Es que _____ hicieron una mala jugada.

10. ¿Dónde dejaste mis llaves, mi amor?

    _____ metí en el cajón de tu escritorio.

11. ¿Quién me despertará?

    A usted, señora, _____ despertarán las enfermeras.

12. ¿Por qué no regresó tu amiga al concierto?

    No pudo. _____ detuvieron en la puerta.

13. Me contó ella que el número trece trae mala suerte.

    A mí me dijo lo mismo pero no _____ creí tal superstición.

III. Verbs That Allow Only Indirect Objects

Some verbs do not occur with direct objects, only with indirect objects. Examples are **gustar, faltar,** etc. Some other verbs have different meanings depending on the kind of object, direct or indirect, with which they are used. For example, **pegar** is used with an indirect object when it means *to hit.* When it is used to mean *to stick,* it is used with a direct object.

> **No le pegues a la niña.** = *Don't hit the girl.*
> **Me regalaron este cartel. Lo voy a pegar aquí.** = *They gave me this poster. I'm going to stick it up here.*

Practice 6

Read the model sentence, then repeat it, substituting the new item and modifying as needed. This drill constitutes a list of the common verbs of the types mentioned above. Get used to the fact that they use only **le** and **les** rather than direct objects.

MODEL: Yo no tengo mucho pero me basta. (el monje)
El monje no tiene mucho pero le basta. (los bohemios)
Los bohemios no tienen mucho pero les basta.

1. A mí me gusta la clase de antropología. (a los turistas, a mi novia)

2. Pero a mí no me conviene esa hora. (al profesor, a mis amigos)

3. A mí me corresponde contestar ahora. (a los hombres, a la mujer)

4. Compré lentes de contacto y me duelen mucho los ojos. (el oculista, las chicas)

5. A ti no te falta nada. (a esa gramática, a esos niños ricos)

6. Rogelio juega mucho conmigo pero nunca me gana. (con su señora, con sus colegas)

7. No uso lentes porque no me hacen falta. (los niños, Don Quijote)

8. ¿A ti qué te importa? (a ese loco, a los comunistas)

9. A mí no me interesan las matemáticas. (a los novios, a Einstein)

10. A ti te encanta hablar mal de los demás. (a la gente, a todos)

11. ¿Qué te parece la música moderna? (a los Beatles, a Bach)

12. Me pasó algo muy raro camino de la oficina hoy. (al jefe, a las secretarias)

13. En un tiempo era rico pero no me queda nada. (Rockefeller, los indios)

14. Yo no te presto la máquina porque no me pertenece. (el maquinista, los peones)

15. A ti te sobran muchas papayas. (a la princesa Pupule, a los campesinos)

16. A mí nunca me sucede nada interesante. (a Jaime Bond, a los espías)

17. A mí me tocó pagar ayer. (a mi amigo, a los banqueros)

18. A nosotros nunca nos han pegado pero a los otros sí. (al presidente, a tu hermana)

Practice 7

In the following drill, verbs of the type previously discussed are mixed with other types. Use direct or indirect forms as appropriate. You may leave out portions of the sentence in your response, repeating only the essential part.

MODEL: Julio ha llegado pero no _____ he visto todavía.
No lo he visto todavía.

1. Los estudiantes no leen el periódico porque no _____ interesan las noticias.

2. Ya escribí el tema y _____ entregué ayer.

3. Mi amigo no me presta el coche porque no _____ pertenece a él.

4. El niño cometió un error pero no por eso debes pegar _____.

5. He oído esa canción pero nunca _____ he cantado.

6. El senador no le miente al pueblo pero no siempre _____ da la verdad entera.

7. Los chicos han gastado todo su dinero y no _____ queda nada.

8. Mi mamá quiere que _____ escriba cada semana.

9. Terminé mi composición pero no _____ he escrito en forma final.

10. Mi papá pidió que _____ despertara temprano mañana.

11. Si no se levanta temprano _____ falta tiempo para desayunar.

12. Y si no come bastante _____ duele el estómago.

13. El otro día _____ envié al médico a ver si tenía úlceras.

14. Me parece que _____ conviene descansar más.

15. No es que no _____ guste descansar.

16. Es que _____ hace falta mucho dinero porque tiene mucha deudas.

17. Algún día podrá pagar _____ todas.

18. Al dentista ya _____ pagó todo lo que _____ debía.

Practice 8

Continue as in Practice 7.

1. Mis hermanas son muy dóciles y estudian bien aunque no _____ interese la materia.

2. Pero si no les gusta la materia _____ olvidan con facilidad.

3. A mi hermano _____ sobra inteligencia pero _____ faltan ganas.

4. A menudo olvida sus libros y _____ deja dondequiera.

5. A mis hermanas _____ importan las notas.

6. _____ duele mucho si no sacan las mejores de la clase.

7. Pero en los juegos de cartas mi hermano siempre _____ gana a mis hermanas.

8. Ellas no quieren jugar por dinero porque siempre _____ pierden todo.

9. A mi hermano _____ encanta cualquier tipo de juego.

10. Cuando el gato desaparece, no _____ toca a mis hermanas buscar _____.

11. Julio _____ ha dicho muchas mentiras a mi mamá.

12. Ella ya no _____ cree nada de lo que dice.

13. Unos vecinos encontraron al gato y _____ entregaron a la Sociedad Protectora de Animales.

14. A ese pobre gato siempre _____ pasa algo.

15. Ayer casi _____ mataron.

16. Mi hermano _____ llamó y cuando cruzaba la calle pasó un auto.

17. Por poco _____ aplasta.

18. Parece que a los gatos _____ sobran vidas.

19. A Susana _____ regalaron ese gato el año pasado.

20. Antes _____ traía y _____ llevaba a todas partes.

21. Y a ella el gato _____ seguía siempre también.

22. Así es que uno _____ veía siempre juntos.

23. Pero a ella no _____ basta un sólo animal.

24. Vio un perrito e insistió en comprar _____.

25. A mi papá _____ pareció mala idea tener gatos y perros en la misma casa.

26. Pero _____ corresponde a mamá decidir esas cuestiones caseras.

27. Ella _____ permitió comprar el perrito.

28. ¿Y al perro, qué _____ sucedió?

29. No _____ he visto nunca.

30. _____ corrió el gato y nunca regresó.

31. No se sabe qué _____ pasó.

32. Tal vez no _____ sobran vidas a los perros como a los gatos.

33. Así _____ parece a mi papá.

34. A él no _____ importó porque no _____ gustan los animales en todo caso.

35. A tu hermana _____ habrá dado mucha pena.

36. Cierto. _____ encantaba el perrito.

37. _____ había comprado con su propio dinero.

IV. Reflexive and Non-reflexive Direct Objects

A few verbs are always used with a reflexive pronoun:

Mi papá se *queja* pero no *se atreve* a hacer nada, mucho menos a *suicidarse.*

Most transitive verbs, however, may be used either with a reflexive object or with a nonreflexive object:

> ***Me levanté*** temprano.
> La máquina ***levantó el coche.***
> La mamá trajo al niño y ***lo sentó*** a mi lado.
> Luego ella ***se sentó.***

Practice 9

Expand the following sentences to say that the maid did the actions first to herself and then to the child. Picture the actions as you say them. The idea is to clarify the difference in meaning of these two structures.

MODEL: se levantó (y luego... al niño).
        La criada se levantó y luego levantó al niño.

1. se despertó

2. se bañó

3. se vistió

4. se peinó

5. se lavó

6. se cubrió

7. se puso un sombrero

Practice 10

Describe what Julio is doing. The infinitive of the appropriate verb is provided.

MODEL: He's getting up. (levantar)
        Se levanta.

1. He's picking the child up. (levantar)

2. He's combing his hair. (peinar)

3. He's combing the little girl's hair. (peinar)

4. He's washing a car. (lavar)

5. He's hiding. (esconder)

6. He's hiding a package. (esconder)

7. He's washing himself. (lavar)

8. He's getting dressed. (vestir)

9. He's going to bed. (acostar)

10. He's putting a little girl to bed. (acostar)

11. He's bathing a child. (bañar)

12. He's dressing a child. (vestir)

13. He's covering himself up. (cubrir)

Practice 11

Answer, using the appropriate pronoun instead of the noun in the question. Use a reflexive if that is appropriate.

MODEL: ¿El gobierno engaña al público a veces?
         Sí, (no, no) lo engaña.

1. ¿Frankenstein asusta a los niños?
2. ¿Ud. se divierte cuando hace los ejercicios?
3. ¿Ud. se asusta cuando oye sirenas?
4. ¿La guerra divierte a los hombres, en general?
5. ¿Las madres acuestan tarde o temprano a los niños chiquitos?
6. ¿Se despierta Ud. solo(a) o lo(a) despierta el reloj despertador?
7. ¿Alguien quita los platos de la mesa después que usted come?
8. ¿Se viste usted en público, por lo general?

Practice 12

Form sentences in the preterit. Use a reflexive pronoun where needed and omit it where it is not. All of these verbs are transitive and need some kind of object.

MODEL: Yo/despertar/a las seis hoy
         Yo me desperté a las seis hoy.

1. Mi mamá/bañar/al niño
2. Julio/acercar/al árbol
3. El vaquero/detener/su caballo
4. Julieta/casar/ayer
5. Su padre/casar/a Julieta con un hombre viejo
6. El director/detener/un momento y luego siguió
7. Don Quijote/levantar/temprano toda su vida
8. Sancho/sentar/contra la pared
9. Los actores/vestir/con mucho cuidado
10. La ciudad de Los Ángeles/extender/muchas millas
11. El presidente/extender/la mano cordialmente
12. ¿A qué hora/despertar Ud./a su papá?

13. ¿Ya/bañar/usted?

14. Los cómicos/divertir/mucho a los niños

15. El estudiante/no divertir/en el examen pero los profesores sí

Practice 13

This drill and the following use the most common verbs that are often used reflexively. Their purpose is to assist you in learning that these verbs are used reflexively in order to express these particular ideas. Almost all of them may also be used in other meanings or constructions that are not reflexive.

Using the vocabulary items provided, make sentences expressing the ideas given in English.

MODEL: La Navidad/acercarse
Christmas is approaching.
La Navidad se acerca.

1. muchos/atreverse a/criticar/dictador

   Many don't dare criticize the dictator.

2. algunas personas/callarse

   Some people never stop talking.

3. hermano mayor/casarse/mañana

   My older brother is getting married tomorrow.

4. con este calor/cansarse/fácilmente

   With this heat, I get tired easily.

5. a qué hora/despertarse

   What time do you wake up?

6. los turistas/siempre/detenerse/delante de/catedral

   The tourists always stop in front of the cathedral.

7. tener que/dirigirse/secretaria

   You will have to speak to the secretary.

8. levantarse/entrar/damas

   Do you get up when ladies come in?

9. llamarse/niño

   What's your name, little boy?

10. todos/marcharse/después/cena

    They all left after supper.

11. meterse/asuntos/otros

    She always meddles in the affairs of others.

12. cuando/hablar/en público/ponerse/nervioso

    When I talk in public, I get nervous.

13. viejos/playa/no ponerse/trajes de baño

    The old folks go to the beach but they don't put on bathing suits.

14. gustar/quedarse/en casa/los sábados

    I like to stay home on Saturdays.

Practice 14

Continue as above. Make sentences expressing the ideas given in English.

1. uno/quitarse/zapatos/al entrar

   One takes off his shoes when he enters.

2. algunos profesores/sentarse/clase

   Some teachers never sit down in class.

3. cómo/sentirse/ustedes

   How do you feel?

4. vestirse/ustedes/cuarto de baño

   Do you get dressed in the bathroom?

5. acostarse/descansar/no dormirse

   I lie down and I rest, but I don't go to sleep.

6. poder/acostumbrarse a/pensar en español

   I can't get used to thinking in Spanish.

7. mañana/despedirse de Hawai

   Tomorrow we say good-by to Hawaii.

8. no divertirse/laboratorio de idiomas

   I don't have a very good time in the language lab.

9. empeñarse/terminar/hoy

   Do you insist on finishing today?

10. enamorarse de/alguien

    Romeo fell in love with Juliet.

11. fijarse en/algo

    I didn't notice what you were saying.

12. oponerse a/las ideas/de otros

    We are not opposed to other people's ideas.

13. quejarse de/el tiempo

    Some people always complain about the weather.

14. referirse a/algo

    What are you referring to?

15. reunirse/club

    When does the club meet?

V. Two Verb-Object Pronouns Together

1. —**Lindo cuadro. ¿Quién lo pintó?**
   —**No sé. *Me lo* regaló Ramón.**
   Nice picture. Who painted it?
   I don't know. Ramón gave it to me.

2. **Señor, *se le* cayó este papel.**
   Sir, you dropped this piece of paper.

3. **¡Eh, joven! ¡No *me le* tires la cola al perrito!**
   Hey, young man! Don't pull my puppy's tail!

4. —**¿Qué le pasó a tu casa?**
   —**Se *me le* vino encima un árbol.**
   What happened to your house?
   A tree came down on top of it.

A verb may occur with both a direct and an indirect object. Or, because indirect object forms are used for a variety of meanings in Spanish, a verb may occur with two indirect object pronouns (example 3) or even with a reflexive plus two other pronoun objects, as in example 4. None of the objects in example 4 are direct because **venir** is an intransitive verb and cannot have a direct object.

When there is more than one pronoun, they are placed in the following order:

SE	2ND	1ST	3RD-PERSON	
			I.O.	D.O.
se	te	me	le	le
se	os	nos	les	lo
				la
			↓	les
				los
			(se)	las

Note that if both pronouns are third person, the first one (the indirect object) has the form **se**. Thus:

Entregué la plata al capitán. Se la entregué yo en persona.

Practice 15

Answer in the negative, using pronouns instead of noun objects.

MODEL: ¿Pasó usted los secretos al enemigo?
            No, señor, no se los pasé.

1. ¿Le dieron a usted toda esa plata?

2. Cristóbal Colón, ¿robaste esas joyas a la reina Isabel?

3. ¿Me regala usted esa foto de su novia?

4. ¿Dijiste la verdad a tu papá?

5. ¿Prestaste el coche a esos muchachos?

6. ¿Nos han traído el periódico?

7. ¿El niño se ha puesto la chaqueta?

In items 8–11, use familiar address.

8. ¿Me vas a decir lo que te pasa?

9. ¿Me quito los zapatos aquí?

10. ¿Van a entregarme los documentos?

11. ¿Me han ganado el partido?

Practice 16

Continue as above but respond in the affirmative.

MODEL: ¿Le pago la cuenta a usted?
              Sí, señor, me la paga a mí.

1. ¿Me asegura usted que eso es verdad?

2. ¿Ha entregado usted su examen al profesor?

3. ¿Les ha dicho usted su nombre?

4. ¿Les ha contado usted toda la historia?

5. ¿Me ha dicho usted la verdad?

6. ¿Ha devuelto usted esos libros a su amigo?

7. ¿Le han pagado a usted su dinero?

8. ¿Y usted ha pagado sus deudas a sus amigos?

9. ¿Y ha mandado los papeles al cónsul?

VI. Reciprocal Reflexive Construction *Each Other*

To express the idea that an action is done by each of the members of a group to the other members, what is expressed in English by *each other*, Spanish uses a reflexive pronoun. The phrase **el uno al otro** (or **uno a otro**) may be added if the sentence is not otherwise clear or to emphasize the reciprocal meaning:

> A veces parece que los rusos y los chinos *se odian.* Otras veces *se ayudan.*
>
> Shakespeare y Cervantes fueron contemporáneos, pero nunca *se conocieron.*
>
> Los gatos *se lavan* mucho y a veces *se lavan el uno al otro.*
>
> Cuando mi novia y yo *nos encontramos, nos besamos.*

Practice 17

Answer, following the model.

MODEL: ¿Usted y su tío se escriben con frecuencia?

No, no nos escribimos nunca.

1. Los senadores hablan mucho pero ¿se escuchan?

2. ¿Usted y el presidente se conocen mucho?

3. ¿Mi esposa y yo siempre nos decimos la verdad?

4. ¿Se saludan usted y su profesor al entrar a la clase?

5. ¿Usted y sus amigos se esperan fuera de la clase?

6. ¿Usted y sus hermanos se quieren mucho?

Practice 18

Follow the models. Use the phrase **a sí mismo (misma)** to stress that a person does something to himself, if that is the case.

MODELS: Si yo le tiro piedras a él, y él me las tira a mí, ¿qué ocurre?

Ustedes se tiran piedras.

Alguien habla, y no lo escucha nadie, sólo él. ¿Qué pasa?

Se habla a sí mismo.

1. Usted tiene un amigo y lo consulta cuando tiene un problema. El hace lo mismo con usted. ¿Qué hacen ustedes cuando tienen problemas?

2. Una persona cree que es poco atractiva y estúpida. Piensa que nadie la quiere y que tiene mal genio. ¿Quién la odia?

3. Cuando una chica se pone delante del espejo y mira a ver si está bonita, ¿qué pasa?

4. Yo le debo dinero a usted y se lo pago. Usted también me paga lo que le presté. ¿Qué hacemos?

5. Un joven quiere a una muchacha bonita, pero ella no quiere a nadie. Sólo piensa en su belleza y su ropa bonita. ¿Ama ella al joven que la quiere?

6. El día de la Navidad yo les doy regalos a mis padres y a mis hermanos y ellos me dan regalos a mí. ¿Qué ocurre el 25 de diciembre?

7. Cuando dos chicos se enojan, ¿se hablan en voz baja o se gritan?

8. ¿Dónde se ven usted y su profesor de español?

Practice 19

Say in Spanish:

1. Girls don't hit each other, but boys hit each other a lot, right?

2. We always wait for each other.

3. Do you see each other often?

4. She writes letters to herself.

5. They admire themselves in the mirror.

VII. Indirect Object Expressing Interest, Possession, and the Like

An indirect object is often used to show that the action is of interest to someone, either because the object involved belongs to him or because the action will benefit or annoy him. This is done to some extent in English, most often in relaxed, informal speech:

I'm going to get *myself* a good car.

I was going up that big hill, and the motor died *on me*.

Compare the Spanish equivalents:

Voy a comprarme un buen coche.

Subía ese cerro tan alto y se me apagó el motor.

In sentences of the kind just given, the indirect object is optional, though commonly used. However, if the sentence talks about doing something to one's body or clothing, the indirect object form cannot be omitted: **Julio se quitó los zapatos. Me lavé las manos.** (Notice that the possessives **sus** and **mis** were not used. They would be used in such sentences only if the possessor was not the one expected, as in: **Julio se quitó mis zapatos y me los devolvió. Lavé mis manos** is understandable but it is not a Spanish construction. The indirect object expresses possession in Spanish.)

Practice 20

Change the sentence to refer to the persons suggested. Be sure you know the meaning of what you say or else the drill will be ineffective.

1. Me cortaron el pelo muy corto. (A David, A ti, A los soldados, A mí, A los jugadores, El barbero...a sí mismo)

2. No pueden curarme el resfriado. (A Bill Gates, A los astronautas, A nosotros, A mí, El médico... a sí mismo)

Practice 21

Answer logically using pronouns.

1. Antes de comer, ¿se lava usted las manos o los pies?

2. ¿La lectura mejora el vocabulario o la pronunciación de los estudiantes?

3. ¿Los ladrones roban el dinero a la gente o se lo traen?

4. ¿El zapatero arregla los zapatos o la ropa de sus clientes?

5. ¿El carpintero construyó la casa de su patrón o su avión?

6. ¿Qué se rompió usted en ese clavo, el zapato o los pantalones?

Practice 22

Make a sentence using the elements given. Use the tense indicated and a pronoun.

1. El médico/quitar/camisa/niño/para curarlo (preterit)

2. ¿Quién/lavar/ropa/a ustedes? (present)

3. incendio/arruinar/vida/al pobre viejo (preterit)

4. Yo/lavar/manos/no/cara/antes/comer (present)

5. penicilina/curar/infecciones/soldados (future)

6. ejercicio/mejorar/corazón/presidente (present perfect)

VIII. Unplanned Occurrences

> **Se me apagó el cigarrillo.** *My cigarette went out.*
> **¿Se te perdieron las llaves?** *Did you lose your keys? (i.e., did they get mislaid somehow)*
> **Al profesor se le olvidan los nombres.** *The teacher forgets the names (they slip his mind).*

This common reflexive construction involves an indirect object pronoun to refer to the person who was affected by some unplanned occurrence. It is essentially the same use of the pronoun as practiced in Section VII, except that here the reflexive pronoun **se** is used with the indirect object. This construction suggests that the event which occurred was not the responsibility of the person referred to. That is, it is something which happened to him rather than something he did.

Practice 23

Everybody is losing his/her keys. Mention all the people this mishap has occurred to.

Se me perdieron las llaves. (a mi mamá, a ti, a nosotros, a mí, a ustedes, a usted, a las niñas)

Practice 24

Now there is an epidemic of watch-losing. Tell about it.

No llegué a tiempo porque se me perdió el reloj. (mis compañeros, tú, el director, mi esposa y yo, yo)

Practice 25

Here is a series of sentences saying that people did given things. Rephrase them so as to shift responsibility away from the person. Try to think in terms of either shirking the blame for these events or of not blaming others (i.e. it's not your fault, it just happened).

MODEL: Me rompí la camisa nueva. (I did it on purpose)
Se me rompió la camisa nueva. (by accident)

1. Confundiste las medicinas.

2. Usted perdió el billete.

3. Ustedes olvidaron la reunión.

4. Quemaste las tortillas.

5. Dejamos caer los discos.

6. Quebraste mi vajilla.

7. Federico olvidó sus zapatos.

8. Mis padres han olvidado mi cumpleaños.

9. María olvidó sus apuntes.

10. Yo perdí mis documentos.

11. Tú has perdido mi dinero.

12. Mamá rompió sus mejores platos.

13. Tú romperás ese juguete.

14. Los estudiantes olvidarán el examen.

15. Yo perderé estos papeles.

16. Ellos olvidarán la fecha.

17. Oscar había perdido muchas cosas.

General Practice

Tell someone else what I said. An example in English would be: *I like blondes. He says he likes blondes.*

1. Me gustan las rubias.

2. Me dijeron que Ud. es muy inteligente.

3. Me dejó mi novia.

4. No recuerdo su nombre.

5. Me vistieron de soldado.

6. Me presentaron a la reina.

7. Me pareció gorda y aburrida.

8. Me invitó a cenar.

9. Se me ha caído el pelo.

10. Ayer me compré una peluca.

11. Cuando me la puse, me dió miedo.

12. Cuando me miré al espejo, no me reconocí.

13. Entró mi hermano con peluca también y no nos reconocimos.

14. Me la quité y no vuelvo a ponérmela.

15. Mejor me compro una gorra.

UNIT 13

Substitutes for Nouns:
Nominalization

Vemos la paja en el ojo ajeno y no vemos la viga en el nuestro.

I. Nominalizations with Gender and Number

Spanish, like English, uses a grammatical device to avoid repeated mention of something or someone being talked about. The following long sentence serves to illustrate several forms of this device, which may be called nominalization.

> **¿Qué maletas necesitarás para el viaje?**
> *Which suitcases will you need for the trip?*
>
> **Ésta, la tuya, la mía, la de Juan, ésa roja, la de la cremallera y la que compraste ayer.**
> *This one, yours, mine, John's, that red one, the one with the zipper, and the one you bought yesterday.*

It will be seen that in this construction, a noun mentioned once is omitted from a subsequent phrase in which it could reappear, and the remaining modifiers thus function as a noun phrase:

Quiero esta camisa, la (camisa) verde y ésa (camisa) que tienes en la mano.

> Quiero esta camisa, *la verde y ésa que tienes en la mano.*
> *I want this shirt, the green one, and that one you have in your hand.*

Notice that **este, ese,** and **aquel** and their variants have an accent on the nominalized forms. (But not the neuter forms: **esto, eso,** and **aquello**).

A wide variety of Spanish noun modifiers may be nominalized in this fashion: demonstratives, possessives, adjectives, adjective clauses, and certain prepositional phrases. The indefinite article is found in constructions such as **uno viejo, unas rojas** *(an old one, some red ones).*

The third person nominalized possessive **el suyo (la suya,** etc.), just like the possessive adjective **su,** is to be used when it is unambiguous. That is, one says **su libro** and **el suyo** when the listener knows who the possessor is, but one should use **el de usted, el de Juan,** etc., when the possessor is likely to be unclear.

Practice 1

Complete the Spanish sentence to match the English equivalent.

MODEL: Of all the blouses here, I like this one the best.
De todas las blusas aquí me gusta más ésta.

1. Your car is nice, but I prefer that one (over there).
   Su coche es bonito, pero prefiero _____.

2. Those shoes are good, but I want these.
   Esos zapatos son buenos, pero quiero _____.

3. Your ideas are more radical than Ramon's.
   Las ideas de usted son más radicales que _____.

4. John thinks my book is better than his.
   Juan piensa que mi libro es mejor que _____.

5. Paintings? Hers are better than his.
   ¿Pinturas? _____ son mejores que _____.

6. Which tie do you like better, the red one or the blue one?
   ¿Qué corbata te gusta más, _____ o _____?

7. Which store do you prefer, this one or that other one?
   ¿Qué tienda prefiere Ud., _____ o _____?

8. Which newspaper do you want, today's or yesterday's?
   ¿Qué periódico quiere Ud., _____ o _____?

9. Of the two editorials, I like the conservative one best.
   De los dos editoriales, me gusta más _____.

10. Of all the girls in the class, Luz is the most intelligent.
    De todas las jóvenes de la clase, Luz es _____.

11. Your sister is prettier than mine.
    Tu hermana es más guapa que _____.

12. But my sister is more generous than yours.
    Pero mi hermana es más generosa que _____.

13. My sister is the one with the blond hair.
    Mi hermana es _____.

14. She's the one with the red dress.
    Es _____.

15. Of all those books, the one I bought is the most expensive.
    De todos esos libros, _____ compré es el más caro.

16. Articles? I read the ones you recommended.
    ¿Artículos? Leí _____ recomendó usted.

17. This task is as difficult as that one of the other day.
    Esta tarea es tan difícil como _____.

18. This novel is not as boring as the one I read last week.
    Esta novela no es tan aburrida como _____ leí la semana
    pasada.

19. This exercise is easier than the one you gave me before.
    Este ejercicio es más fácil que _____ me dio antes.

20. I have three pencils left, two black ones and a red one.
    Me quedan tres lápices, _____ y _____.

21. I have two suits, an old one and a new one.
    Tengo dos trajes, _____ y _____.

Practice 2

Answer the questions, using a nominalized form. Use the first choice
given.

> MODEL: ¿Prefiere usted esta solución o la de Pedro?
>   Prefiero ésta.

1. ¿Prefiere usted el vestido azul o el amarillo?

2. ¿Prefiere usted mis ideas o las otras?

3. ¿Prefiere usted los dulces que trajo Carmen o los que trajo Inés?

4. ¿Prefiere usted este capítulo o el anterior?

5. ¿Prefiere la novela francesa o la americana?

6. ¿Prefiere usted esta mesa o la del rincón?

7. ¿Prefiere usted una cama antigua o una moderna?

8. ¿Prefiere usted un coche pequeño o uno grande?

9. ¿Prefiere usted aquel traje o éste otro?

10. ¿Prefiere el coche que cuesta menos o el más caro?

11. ¿Prefiere usted los chistes que cuenta Pepe o los que cuenta Luis?

12. ¿Prefiere usted los zapatos de Italia o los de España?

13. ¿Prefiere usted la chica del vestido negro o la del sombrero azul?

14. ¿Prefiere usted varios colores o solamente uno?

Practice 3

Continue answering the questions, using nominalized forms.

MODEL: ¿Te gustó el discurso del señor Valbuena o el del
señor Parra?
Me gustó el del señor Valbuena.

1. ¿Te gustaron las chicas que vinieron anoche o las que
vinieron hoy?

2. ¿Te gustó ese Mustang azul o ése otro rojo?

3. ¿Te gustó la moto de Alberto o la de Ramiro?

4. ¿Te gustaron las fotos que llegaron ayer o las que llegaron hoy?

5. ¿Te gustó más el trabajo tuyo que el de tu hermano?

6. ¿Te gustó la película que vimos anoche o la que vimos el viernes?

7. ¿Te gustan las costumbres de los mexicanos o las de los
salvadoreños?

8. ¿Te gustan los vinos blancos o los tintos?

9. ¿Te gusta el coche convertible o la camioneta?

Practice 4

Answer the questions in the negative, using the nominalized form.

MODEL: ¿Esa respuesta fue la respuesta de un loco?
No, no fue la de un loco.

1. ¿Los vinos de Chile son mejores que los vinos de California?

2. ¿Esta tela es tan fina como la tela que compramos ayer?

3. ¿Este cuadro se parece al cuadro que pintó Velázquez?

4. ¿Este resultado es como el resultado de antes?

5. ¿Estos juegos serán tan divertidos como los juegos que
vimos ayer?

6. ¿La música antigua se toca tanto como la música moderna?

7. ¿Esa pluma roja es peor que aquella pluma azul?

8. ¿Se fue tu hermano con la mujer del pelo negro?

9. ¿Tu hermana habló con el hombre de la barba blanca?

10. ¿El nuevo texto es como el texto viejo?

II. *Es mío* vs. *es el mío*

After the verb **ser**, the nominalized form of the possessives (**el mío, el suyo, el de usted,** etc.) is used when it is necessary to identify which of several possibilities is possessed:

—¿Cuál de estas plumas es la suya?

—Esa es la mía. (i.e., *the one that is mine*)

However, when one merely wishes to identify the owner of a single item or an undifferentiated group of items, the possessive adjective is used without the nominalizing article.

—¿De quién son estos libros?

—Son míos. (i.e., *they're mine*)

Practice 5

Answer the questions, using the article where appropriate.

MODEL: ¿De quién es este libro? ¿Es de usted?
Sí, es mío.

¿Cuál de los libros es el de usted? ¿Éste?
Sí, ése es el mío.

1. ¿Esta pluma es de Carlos?

2. ¿Cuál de esos coches es el de ustedes? ¿El rojo?

3. ¿Son de Víctor estas cosas?

4. Hay tres porciones. ¿Es ésta la mía?

5. ¿De quién son estas bebidas? ¿De ustedes?

6. ¿Es éste el abrigo de usted?

7. ¿Son de usted estos documentos?

8. Esta es mi raqueta. ¿Es ésa la tuya?

III. *Lo que*

The neuter article is used with **que** and an adjective clause when the reference is general, rather than to a specific noun. The most common English equivalent of this very frequent Spanish phrase is *what*:

Ahora lo que necesito es un trago.   *Now what I need is a drink.*

¿Es esto lo que quieres?   *Is this what you want?*

(Note: The problem of the subjunctive in adjective clauses after **lo** and other antecedents is treated in Unit 9.)

Practice 6

Convert the following sentences into an alternate form with **lo que.**

MODEL: Necesito una bebida.

Lo que necesito es una bebida.

1. Me gusta más la cerveza.

2. Me gustan mucho los bailes.

3. No importa el resultado.

4. No creo tu explicación.

5. Quiero otra oportunidad.

6. Estoy mirando esos pájaros.

7. Un gato se mueve por ahí.

8. Parece difícil terminar hoy.

9. Nos falta dinero.

10. Sería mejor no quejarse.

11. Enrique trajo la comida.

Practice 7

Answer the questions according to the pattern.

MODEL: ¿Qué busca Paco? ¿Sabes?

No, no sé lo que busca.

1. ¿Qué quiere Josefina? ¿Recuerdas?

2. ¿Qué dijo don Rodolfo? ¿Oíste?

3. ¿Qué hizo doña Lupe? ¿Lo viste?

4. ¿Qué cantaba tu hermana? ¿Lo escuchaste?

5. ¿Qué dejó mi papá? ¿Te fijaste?

6. ¿Qué ocurrió allí? ¿Te quejaste?

7. ¿Qué hizo su primo? ¿Te gustó?

8. ¿Qué pasó allí? ¿Te lo dijeron?

9. ¿Qué dice el profesor? ¿Lo crees?

10. ¿Qué trajo Virginia? ¿Te has olvidado?

11. ¿Qué había ocurrido? ¿Te diste cuenta?

Practice 8

Comparison of **lo que** with **el que, la que,** etc. Supply the correct form where indicated.

1. The one who knows is John.
   _____ sabe es Juan.

2. What you heard is not true.
   _____ oíste no es verdad.

3. He who studies, learns.
   _____ estudia, aprende.

4. Explain to me what you want.
   Explíqueme _____ quiere.

5. You want to buy a piece of cloth? Show me the one you want.
   ¿Quiere comprar una tela? Muéstreme _____ quiere.

6. Of all these ties, which is the one you prefer?
   De todas estas corbatas, ¿cuál es _____ prefiere?

7. What I like is a good soccer game.
   _____ me gusta es un buen partido de fútbol.

8. Tools? Take whichever ones you like.
   ¿Herramientas? Llévese usted _____ quiera.

9. I did it because of what you said.
   Lo hice por _____ dijo usted.

UNIT 14

Passives and Their Equivalents

No se está nunca tan bien que no se pueda estar mejor ni tan mal
que no se pueda estar peor.

I. The *ser* Passive

A passive sentence in Spanish, as in English, is one in which the action of the verb falls on the subject, rather than on the object, as in an active sentence. Compare the following active sentences with their passive equivalents:

ACTIVE

¿Colón descubrió América?
Cervantes escribió *Don Quijote.*
Los toltecas construyeron esas pirámides.
Alguien publicará la colección el año que viene.

PASSIVE

¿América fué descubierta por Colón?
Don Quijote fue escrito por Cervantes.
Esas pirámides fueron construidas por los toltecas.
La colección será publicada el año que viene.

Passive sentences are formed with the verb **ser**, plus the past participle of a transitive verb that agrees in gender and number with the subject. The agent of the action (if it is expressed) is introduced by the preposition **por**. It would be a good idea to review the irregular past participles (Unit 3, Section III) before doing the following practices.

Notice that these are passive *actions* which are being expressed with **ser**. When **estar** is used in a similar construction, a resultant condition or state is referred to and not an action: **Esta taza está rota.** (See Unit 4, Section VII for the contrast between these structures.)

Practice 1

Give the proper form of ser in the following passive sentences:

1. This book was published by Prentice Hall.
   Este libro _____ publicado por Prentice Hall.

2. Prentice Hall is known throughout the publishing world.
   Prentice Hall _____ conocido por todo el mundo editorial.

3. The contracts were signed by the authors.
   Los contratos _____ firmados por los autores.

4. All the details had been discussed earlier.
   Todos los detalles _____ discutidos antes.

5. The manuscript was submitted two years later.
   El manuscrito _____ entregado dos años después.

6. Certain changes were suggested by the editors.
   Ciertos cambios _____ sugeridos por los redactores.

7. Most of the changes were accepted by the authors.
   La mayoría de los cambios _____ aceptados por los autores.

8. Many exercises have been rejected in its development.
   Muchos ejercicios _____ rechazados en su desarrollo.

9. It is possible that some typographical errors have not been corrected.
   Es posible que algunos errores de imprenta no _____ corregidos.

10. Such errors should not be excused.
    Tales errores no deben _____ excusados.

11. But the book will probably be well received by the critics.
    Pero el libro probablemente _____ bien acogido por los críticos.

12. It will be used by many students.
    _____ usado por muchos estudiantes.

Practice 2

In Spanish, as in English, one need not state the agent (i.e., who performs the action) of a passive sentence. Give the passive equivalent of the following active sentences, omitting the agent. Keep the same tense.

MODEL: Habían pintado la casa el año pasado.
        La casa había sido pintada el año pasado.

1. Celebraron la boda de María Gutiérrez esta mañana.

2. Le habían presentado al novio en enero.

3. Recibieron la petición de mano con mucha alegría.

4. Invitaron a muchos amigos.

5. Habían escrito las invitaciones con mucha anticipación.

6. Descubrieron algunos errores en la lista de invitados.

7. Corrigieron los errores a tiempo.

8. Publicaron la noticia de la boda en el periódico.

9. Han festejado a la novia con varias fiestas.

10. Celebraron la boda en casa de la novia.

11. Habían planeado la ceremonia para celebrarla en el jardín.

12. Debido a la lluvia, celebraron la ceremonia en el salón.

13. Mandaron los regalos a la casa.

14. Han expuesto los regalos a la vista de los invitados.

15. Enviaron demasiado tarde algunos regalos.

16. Abrirán estos regalos después.

17. Deben escribir sin tardanza las cartas de agradecimiento.

18. Todos despidieron a los novios con mucho cariño.

Practice 3

Give the passive equivalent of the following sentences. Include the agent if it is mentioned, and keep the same tense.

MODEL: Dos ladrones robaron un coche de mucho valor.
           Un coche de mucho valor fue robado por dos ladrones.

1. Llevaron el coche a otra ciudad.

2. Habían desmontado el motor.

3. La policía capturó a los criminales.

4. Una vieja señora reconoció a los acusados.

5. La señora denunció a los dos hombres.

6. La policía iba a detener a los acusados hasta la fecha del proceso.

7. Pero el juez les concedió libertad bajo fianza.

8. No mandarán a los ladrones a la cárcel.

9. Han localizado el coche robado.

10. Una orden de la corte le restituyó el coche a su dueño.

11. Suponemos que la corte declarará culpables a los ladrones.

12. Pero es posible que la corte los juzgue inocentes.

13. En ese caso, la policía naturalmente pondrá en libertad a los acusados.

II. *Se* as Marker of an Unspecified Subject

> **Aquí se habla francés, se habla alemán, se habla inglés, y se habla ruso.**
> *Here people speak French, they speak German, they speak English, and they speak Russian.*
>
> **¿Se hablan todos esos idiomas?**
> *Are all those languages spoken? Do they speak all those languages?*
>
> **En los EE.UU., se ha asesinado a varios presidentes y candidatos a la presidencia.**
> *In the U.S., several presidents and presidential candidates have been assassinated.*
>
> **La vida es cara en Hawai, pero se vive bien.**
> *The cost of living is high in Hawaii, but people live well.*
>
> **Se venden huevos de tortuga.**
> *Turtle eggs for sale.*

The English equivalent of the **ser** passive practiced in the last section is very common but the **ser** passive is relatively uncommon in Spanish. (Although it, or an active equivalent, is preferred when the agent is expressed: **Este camino fue construido por los incas,** or **Los incas construyeron este camino.**) Far more common is the reflexive passive, or **se** passive. This is one of the variants of the extremely important use of **se** as marker of an unspecified subject. Notice that in the sentences cited above, there may be an object (**francés, idiomas, presidentes, huevos**), but there is no subject. In all of those cases, as well as in **se vive bien,** which has no object, what is stated is that the action happens or happened but not who performs it.

The **se** is best interpreted simply as a marker of this fact: the subject is an unspecified person. The verb may be transitive or intransitive; the objects may be animate or inanimate. If the object is a person, it is marked with the personal **a,** as in other sentences.

There is one peculiarity, however. This is that if the object of the verb is inanimate, the verb most correctly is made to agree with it. Thus, although sentences like **Se vende huevos de tortuga** are not uncommon, **Se venden huevos de tortuga** is considered more acceptable.

If the object is a person, the verb is always singular, regardless of the singularity or plurality of the object: **Se ha asesinado a varios presidentes.***

Summarizing, then: **se** marks the sentence as having an unspecified subject. The verb is in the singular unless the logical object of the action is a plural thing, in which case the verb is most correctly made plural. English equivalents are passives or such general subjects as "they," "people," "you."

Practice 4

Change the **ser** passive sentences into **se** passives. Keep the same tense.

1. El texto fue publicado tres años después.
2. La boda fue celebrada en su casa.
3. Los vasos fueron rotos.
4. Los dibujos serán vendidos.
5. Los discos fueron comprados ayer.
6. El trabajo fue hecho inmediatamente.
7. Los paquetes serán enviados a su casa.
8. El revólver será presentado como evidencia.
9. Los regalos serían abiertos después.
10. Tales palabras son pronunciadas así.
11. Esto no es permitido.
12. A mi cuñado le ha sido ofrecido un empleo.
13. Las leyes son respetadas en este país.

---

* There are occasions, however, where persons are spoken of as if they were objects. In such cases, no **a** is used and the verb is put in the plural if the object is plural: **Se necesitan dos personas para jugar al tenis.**

Practice 5

Answer the question about when "they" will do something by stating that it was already done. Use the **se** passive.

MODEL: ¿Cuándo terminarán el edificio?
          Ya se terminó.

1. ¿Cuándo harán los trajes?

2. ¿Cuándo dedicarán el monumento?

3. ¿Cuándo leerán los anuncios?

4. ¿Cuándo entregarán las llaves?

5. ¿Cuándo prepararán la comida?

6. ¿Cuándo ofrecerán la amnistía?

7. ¿Cuándo pedirán los documentos?

8. ¿Cuándo pagarán estas cuentas?

9. ¿Cuándo revelarán la verdad?

Practice 6

Change the following active sentences into their **se** passive equivalents. Omit mention of the agent. Keep the same tense.

MODEL: Alguien devolvió el paquete ayer.
          Se devolvió el paquete ayer.

1. Una persona desconocida firmó los cheques ayer.

2. Cerraron la puerta.

3. Alguien abrirá las ventanas.

4. Alguien ha resuelto el problema.

5. La gente ha vendido las casas.

6. Alguien está cantando canciones de amor.

7. Uno podría decir muchas cosas.

8. Uno recibiría un aumento de salario con mucho gusto.

9. Publicaron el artículo en el periódico.

10. Han anunciado una nueva ley.

11. Alguien le escribirá cartas al redactor.

12. Pierden mucho tiempo así.

13. Uno debe rechazar esas peticiones.

Practice 7

Using **se**, rephrase the following sentences about life in Guadalajara.

1. Uno vive bien en Guadalajara.

2. Uno está a gusto entre los tapatíos.

3. La gente disfruta de un clima ideal.

4. La gente dice que uno nace para vivir.

5. Uno come muy bien en los restaurantes tapatíos.

6. La gente come como a las cuatro de la tarde.

7. Luego uno descansa un poco.

8. Uno sale a pasear después.

9. Uno asiste a muchas fiestas.

10. Allí la gente baila con un vigor extraordinario.

III. Pronouns with *Se*-Passive Construction

Because the persons in the sentences practiced in the preceding section function as direct objects, it often happens that they are represented by object pronouns. Note that the normal **la** and **las** are used for feminine direct objects, but only **le** and **les** (not **lo** and **los**) are used for masculine objects in this construction.

¿Se llevó al joven al hospital?
  Sí, se *le* llevó al hospital.
¿Se respeta mucho a las enfermeras?
  Sí, se *las* respeta mucho.
¿Se llamó a los padres?
  Sí, se *les* llamó en seguida.
¿Se detuvo a la mujer?
  Sí, se *la* detuvo, pero no sé por qué.

Practice 8

Answer the questions, using the proper object pronoun.

1. ¿Se trató bien al senador en el hospital?
2. ¿Se notificó a los padres del senador?
3. ¿Se interrogó a los testigos?
4. ¿Se ha hallado a los culpables?
5. ¿Se ha detenido a los criminales?
6. ¿Se ha llevado a los acusados a la cárcel?
7. ¿Se juzgó culpables a los acusados?
8. ¿Se va a fusilar a los asesinos?
9. ¿Se recibirá a las hijas del senador?
10. ¿Se ha consultado al primer ministro?
11. ¿Se avisó a los periodistas?

IV. Redundant Object Pronouns with Se-Passives

1. Tu chaqueta *la* dejaste en mi coche.
2. Este apartamento se vendió la semana pasada.
3. A ese tipo se *le* agarró con las manos en la masa.
   They caught that guy red-handed, literally "with his hands in the dough."

When a noun object precedes the verb, it is repeated with a pronoun object, as in (1) above. This is true also with se-passive sentences but only when the object is a person. Compare (2) and (3).

Practice 9

Rephrase the following passive sentences with **se**, putting the object first and using the proper redundant object pronoun.

MODEL: Ese estudiante ha sido expulsado de la escuela.
           A ese estudiante se le ha expulsado de la escuela.

1. El estudiante fue visto cuando robaba algo.

2. El joven reo fue agarrado en el acto.

3. El pobrecito será llevado a casa.

4. La policía será llamada también, posiblemente.

5. El joven va a ser castigado de alguna manera.

6. Su hermana no será castigada, naturalmente.

7. El joven será llevado a ver al siquiatra, tal vez.

8. El joven será matriculado en otra escuela.

Practice 10

Review of **se** passive constructions. Rephrase these sentences, using **se**.

1. Los artículos fueron publicados en el periódico.

2. Los visitantes fueron acompañados a sus cuartos.

3. Esas casas fueron vendidas hace poco.

4. La obra ya ha sido terminada.

5. Vieron a los novios en el parque.

6. Carlos Gutiérrez será nombrado secretario.

7. Los documentos ya han sido firmados.

8. Abren las puertas a las 7:00.

9. La reina Isabel es respetada en Inglaterra.

10. Clinton fue elegido en 1992.

11. Los rebeldes serán fusilados.

12. Han hallado las llaves.

13. Las habían escondido en un hueco.

14. Habían mandado las maletas a otra dirección.

15. A los pasajeros los llevaron al hotel.

Practice 11

Continuation of review. Answer the questions using the **se** construction. Use object pronouns where appropriate.

MODEL: ¿Las víctimas fueron llevadas al hospital?
        Sí, se las llevaron al hospital.

1. ¿Las tiendas serán abiertas pronto?

2. ¿La cena será preparada en un restaurante?

3. ¿Las compras serán devueltas a la tienda?

4. ¿Recibirán bien aun a los parientes lejanos?

5. ¿La doctora fue invitada también?

6. ¿Las ratas fueron envenenadas con estricnina?

7. ¿La actriz fue reconocida en la fiesta?

8. ¿Los telegramas son redactados en la oficina?

9. ¿Celebran las fiestas católicas en México?

10. ¿Rompieron las copas?

UNIT 15

Time Expressions with *Hacer* and *Llevar*

De tal palo, tal astilla.

I. *Hacer* for English "Ago"

Observe the following English and Spanish equivalents:

> My father studied Spanish in Guadalajara about 20 years ago.
> **Mi padre estudió español en Guadalajara hace unos veinte años.**
> > or:
> *Hace veinte años que estudió español mi padre.*
> *My brother? I don't know.*
> **¿Mi hermano? No sé.**
> *He was studying in his room two hours ago.*
> *Hace dos horas* **(que) estudiaba en su cuarto.**
> > or:
> **Estudiaba en su cuarto** *hace dos horas.*

Note that when the time expression comes at the beginning of the sentence, the form **que** is used. When the main verb is in the imperfect however, **que** is often omitted.

Practice 1

Answer the questions, telling how long ago you did something.

> MODEL: ¿Cuánto tiempo hace que viajó Ud. por México? ¿tres años?
> Sí, viajé por México hace tres años.
> O: Sí, hace tres años que viajé por México.

1. ¿Cuánto tiempo hace que terminó Ud. la escuela? ¿dos años?

2. ¿Cuánto tiempo hace que empezó Ud. a estudiar español? ¿un año?

3. ¿Cuánto tiempo hace que entró Ud. a la universidad? ¿dos años?

4. ¿Cuánto tiempo hace que fue Ud. a París? ¿cuatro años?

5. ¿Cuánto tiempo hace que llegó Ud. a esta ciudad? ¿cinco años?

6. ¿Cuánto tiempo hace que conoció Ud. a mi hermana? ¿dos meses?

7. ¿Cuánto tiempo hace que se levantó Ud. esta mañana? ¿cuatro horas?

8. ¿Cuánto tiempo hace que salió Ud. a trabajar? ¿tres horas?

9. ¿Cuánto tiempo hace que regresó Ud. a casa? ¿una hora?

10. ¿Cuánto tiempo hace que comió Ud.? ¿media hora?

11. ¿Cuánto tiempo hace que llamó Ud. a mi hermana? ¿diez minutos?

Practice 2

Answer the following questions using in your response the clue given in parentheses.

MODEL: ¿Cuándo planearon la fiesta los González? (cuatro semanas)
Hace cuatro semanas que planearon la fiesta.
O: Planearon la fiesta hace cuatro semanas.

1. ¿Cuándo mandaron las invitaciones? (tres semanas)

2. ¿Cuándo planearon el menú? (dos semanas)

3. ¿Cuándo compraron los refrescos? (una semana)

4. ¿Cuándo contrataron la orquesta? (unos seis días)

5. ¿Cuándo empezaron a limpiar la casa? (tres días)

6. ¿Cuándo terminaron todos los preparativos? (media hora)

7. ¿Cuándo llegaron los primeros invitados? (pocos minutos)

II. *Hacer* for Action Continuing over a Period (to the Present)

Study the following English-Spanish equivalents:

> *He has studied (has been studying) Spanish for two years.*
> **Hace dos años que estudia español.**
>   or:
> **Estudia español *(desde) hace dos años.***

Note that both **hace** and the main verb of the sentence are in the present tense. (When the main verb is in the past and **hace** is in the present, we have the *ago* idea, as in Section I.)

Practice 3

Complete the translation of the sentences below by adding the correct time expression at the end of the sentence. **Desde** may be omitted if you wish.

MODEL: Henry has been living in Madrid for two years.

Hace dos años que Henry vive en Madrid.

Henry vive en Madrid (desde) hace dos años.

1. Carlitos has been practicing the piano for half an hour.

   Carlitos practica el piano (desde) _____.

2. He has studied it for three years.

   Lo estudia (desde) _____.

3. We have had this piano for only two months.

   Tenemos este piano (desde) _____.

4. Carlitos has been taking lessons from Mr. Lozano for six months.

   Carlitos toma clases con el Sr. Lozano (desde) _____.

5. His father has been complaining for two months.

   Su padre se queja (desde) _____.

6. We have been in this apartment for four years.

   Estamos en este apartamento (desde) _____.

7. We have had the dog for six years.

   Tenemos el perro (desde) _____.

8. My sister has been talking on the telephone for half an hour.

   Mi hermana habla por teléfono (desde) _____.

Practice 4

Follow the same procedure again, but this time put the time expression at the beginning of the sentence. (Don't forget **que** after the time element.)

1. Carlitos has been practicing the piano for two hours.

   _____ Carlitos toca el piano.

2. He has been studying it for three years.

   _____ lo estudia.

3. We have only had this new piano for two months.

   _____ tenemos este piano nuevo.

4. Carlitos has been taking lessons from Mr. Lozano for six months.

   _____ Carlitos toma lecciones con el Sr. Lozano.

5. His father has been complaining for two months.

   _____ su padre se queja.

6. We have been in this apartment for four years.

   _____ estamos en este apartamento.

7. We have had the dog for six years.

   _____ tenemos el perro.

8. My sister has been talking on the telephone for half an hour.

   _____ mi hermana habla por teléfono.

Practice 5

Answer the questions as indicated, telling how long you have been doing something.

1. ¿Cuánto tiempo hace que trabajas en esa tienda? ¿cuatro años?

2. ¿Cuánto tiempo hace que sales con esa chica? ¿unos meses?

3. ¿Cuánto tiempo hace que vives aquí? ¿diez años?

4. ¿Cuánto tiempo hace que tocas el piano? ¿dos años?

5. ¿Cuánto tiempo hace que buscas trabajo? ¿un mes?

6. ¿Cuánto tiempo hace que no fumas cigarrillos? ¿muchos años?

7. ¿Cuánto tiempo hace que te sientes mal? ¿como dos días?

8. ¿Cuánto tiempo hace que no duermes bien? ¿unos cuatro días?

Practice 6

Review. Select the correct form of the verb to correspond with the indicated meaning of the sentence.

1. How long ago did you study Spanish?

   ¿Cuánto tiempo hace que _____ estudió/estudia Ud. español?

2. How long have you been studying English?

   ¿Cuánto tiempo hace que _____ estudió/estudia Ud. inglés?

3. How long have you lived here?

   ¿Cuánto tiempo hace que _____ vive/vivía aquí ?

4. How long ago did you arrive here?

   ¿Cuánto tiempo hace que _____ llega/llegó aquí?

5. How long have you had this car?

   ¿Cuánto tiempo hace que _____ tiene/tenía este coche?

6. How long ago did you buy it?

   ¿Cuánto tiempo hace que lo _____? compra/compró

7. How long ago were you reading this book?

   ¿Cuánto tiempo hace que _____ lee/leía este libro?

8. How long have you been reading it?

   ¿Cuánto tiempo hace que lo _____? lee/leía

III. *Hacer* for Action Continuing over a Period (in the Past)

Study the following English-Spanish equivalents:

> 1. *When I came here, I had been studying Spanish for two years.*
>   **Cuando vine acá,** *hacía dos años que* **estudiaba español.**
>   or:
>   **Estudiaba español** *(desde) hacía dos años.*

Note that this type of sentence is parallel to that studied in Section II; but, because here reference is made to a point in the past (i.e., "when I came here"), both **hacer** and the main verb of the sentence (**estudiar**) are in the imperfect tense.

> 2. *And had you studied any other language?*
> *Yes, I had studied French (or I studied French) for two years in high school.*
> **¿Y habías estudiado otro idioma?**
> **Sí, había estudiado (o estudié) francés dos años en la secundaria.**

When the period of time referred to is not tied to a point in the past, as in No. 1 above, but simply occurred at some time in the past, as in No. 2, **hacer** is not used and tense of the verb is either preterit or pluperfect.

Practice 7

Fill in the blanks to match the indicated meaning of the sentence. All the sentences refer to last year, e.g., "When I came to this school..."

1. I had been living (vivir) here for ten years.

   _____ diez años que _____ aquí.

2. I had been studying (estudiar) Spanish for one year.

   _____ un año que _____ español.

3. I had studied (estudiar) English for ten years.

   _____ inglés durante diez años.

4. I had been playing (jugar) tennis for many years.

   _____ al tenis desde _____ muchos años.

5. I had known (conocer) your brother for about a year.

   _____ como un año que _____ a tu hermano.

6. I had not been (estar) in Mexico for more than five years.

   _____ más de cinco años que no _____ en México.

7. My parents had supported (mantener) me for eighteen years.

   Mis padres me _____ desde _____ dieciocho años.

8. My teachers had been advising (aconsejar) me for many years to study more.

   _____ muchos años que mis profesores me _____ que estudiara más.

9. I had wanted (querer) to come to this university for a long time.

   _____ venir a esta universidad desde _____ mucho tiempo.

Practice 8

Answer the questions, telling how long you had been doing something when I saw you yesterday. Practice 9 may be done first if you wish.

1. ¿Cuánto tiempo hacía que nos conocíamos? ¿una semana?

2. ¿Cuánto tiempo hacía que pensabas salir conmigo? ¿dos días?

3. ¿Cuánto tiempo hacía que me esperabas? ¿treinta minutos?

4. ¿Cuánto tiempo hacía que estabas en la esquina? ¿media hora?

5. ¿Cuánto tiempo hacía que escuchabas el radio? ¿un cuarto de hora?

6. ¿Cuánto tiempo hacía que estaba aquí ese señor? ¿diez minutos?

7. ¿Cuántos minutos hacía que hervía esa sopa? ¿cinco?

8. ¿Cuánto tiempo hacía que no cocinabas? ¿como tres años?

Practice 9

Give the English equivalent of each of the questions and answers of Practice 8.

Practice 10

Review of Sections I, II, and III. Select the proper form of the verbs to match the meaning of the sentence.

1. I have been trying to get the waiter's attention for twenty minutes.

   _____ (Hace, Hacía) veinte minutos que _____ (trato, trataba, traté) de captar la atención del mesero.

2. The last time he spoke to me was thirty minutes ago.

   La última vez que me _____ (habla, hablaba, habló) fue _____ (hace, hacía) treinta minutos.

3. I arrived at this restaurant more than an hour ago.

   _____ (Llegué, Llego, Llegaba) a este restaurante _____ (hace, hacía) más de una hora.

4. They gave me this table forty-five minutes ago.

   Me _____ (dan, dieron, daban) esta mesa _____ (hace, hacía) cuarenta y cinco minutos.

5. I had been waiting for it about fifteen minutes.

   La _____ (espero, esperaba, esperé) desde _____ (hace, hacía) unos quince minutos.

6. And the manager had been in the men's room for more than ten minutes.

   Y _____ (hace, hacía) más de diez minutos que el gerente _____ (está, estaba, estuvo) en el baño.

7. I was finally able to speak to him about five minutes ago.

   Por fin _____ (logré, logro, lograba) hablarle _____ (hace, hacía) unos cinco minutos.

8. And he was going into the bathroom again about fifteen minutes ago.

   Y _____ (hace, hacía) quince minutos, de nuevo _____ (entro, entraba, entra) al baño.

9. Imagine! I had been wanting to come to this place for more than a year.

   ¡Imagínate! _____ (Hacía, Hace) más de un año que _____ (quiero, quería, quise) venir a este lugar.

IV. *Llevar* as an Equivalent of *hacer* in Time Expressions

A Spanish construction using the verb **llevar** is exactly equivalent to the **hacer** time expressions practiced in Sections II and III. Study the **llevar** sentences below, with their Spanish and English equivalents.

Llevo dos años estudiando español.	= **Hace dos años que estudio español.** *I have studied Spanish for two years.*
Llevaba dos años estudiando español.	= **Hacía dos años que estudiaba español.** *I had studied Spanish for two years.*
Llevo dos años sin estudiar español.	= **Hace dos años que no estudio español.** *I have not studied Spanish for two years.*

Llevaba dos años sin estudiar español.	=	**Hacía dos años que no estudiaba español.** *I had not studied Spanish for two years.*
Llevo tres años en Honolulu.	=	**Hace tres años que estoy en Honolulu.** *I have been in Honolulu for three years.*

Note that the progressive form (**-ndo**) is used with **llevar** in the affirmative, but **sin** and the infinitive are used in the negative. Notice also that **estar** is omitted from **llevar** sentences expressing location.

Practice 11

Give the **llevar** equivalent of the following affirmative **hacer** sentences.

MODEL: Hace una hora que te espero.
Llevo una hora esperándote.

1. Estoy aquí en la esquina desde hace una hora.
2. Crispín toca el piano desde hace seis años.
3. Hacía cuatro años que mi papá tocaba el violín.
4. José Luis fuma pipa desde hace diez años.
5. Hacía seis horas que yo estaba aquí.
6. Tú leías el periódico desde hacía dos horas.
7. Hacía dos años que yo vivía en Madrid.
8. Estudiaba allí desde hacía dos años.
9. Hace diez minutos que trabajo con este ejercicio.
10. Esa joven baila desde hace dos horas.

Practice 12

Give the **llevar** equivalent of the following negative **hacer** sentences.

MODEL: Hace seis días que no fumo.
Llevo seis días sin fumar.

1. Este joven no come desde hace dos días.

2. Hace seis meses que no le escribo.

3. Hacía seis semanas que Carlos no trabajaba.

4. Mi tío no tomaba tequila desde hacía mucho tiempo.

5. ¿Cuánto tiempo hace que no juegas al tenis?

6. Hacía mucho tiempo que Toni no me veía.

7. No hablo con él desde hace mucho tiempo.

8. ¿Hace mucho tiempo que no vas a la cafetería?

9. ¿Cuánto tiempo hace que no te compras zapatos nuevos?

10. Hacía veinte horas que el piloto no dormía.

UNIT 16

. . . .

Por and *Para*

El diablo más sabe por viejo que por diablo.

I. *Para* vs. *por*

PARA	POR
Este regalo es *para* tu hermano, no *para* ti.	Se lo doy *por* respeto a la familia, no *por* amor a él. *I'm giving it to him out of respect for the family, not out of liking for him.*
Mañana nos vamos *para* el norte. *Tomorrow we're heading north.*	No vamos *por* el sur sino *por* el norte. *We aren't going through the southern part, we're going through the north.*
¿Para qué sirve este aparato? *What is this device good for?*	*¿Por qué* compraste este chisme? *Why did you buy this gadget?*
—*¿Para qué* me llamas? —*Para que* me ayudes.	—*¿Por qué* me llamas? —*Porque* llegó una carta para ti.
Todos sus hijos estudian *para* abogado. *All his children are studying to be lawyers.*	Algunos van a la universidad sólo *por* divertirse. *Some go to the university just to have a good time.*
Algunos estudian *para* no tener que trabajar. *Some study so they won't have to work.*	*Por* no trabajar, unos visten mal y a veces no comen. *Because they don't work, some dress badly and at times don't eat.*
He trabajado incansablemente *para* descubrir la verdad.	He trabajado incansablemente *por* descubrir la verdad.

Most uses of **para** express some type of destination or direction in which an action is aimed: a place, a goal, a recipient. Por is used to express motive, the reason behind an action (not the goal up ahead). This distinction accounts for many of the cases where **para** and por contrast. (In some cases the distinction is only theoretical.) However, these two prepositions have other uses not easily accounted for by the basic distinction. **Por**, especially, has a variety of uses and enters into many idiomatic phrases.

II. The Preposition *para*

Study the following summary of **para**.

General Meaning	English Equivalent	Examples
Purpose or goal	a. for	Esta gasolina es para mi motocicleta. Esta botella es para leche.
	b. *in order to*	Yo como dulces para no fumar.
Destination or direction	a. *toward, to, for*	Carlos salió para el centro. Iba para el parque. Vamos para el cine.
Destination or deadline in time	a. *by*	Termine usted esta tarea para el martes.
	b. *for*	Esta lección es para mañana.
Comparison	a. *for..., considering that he is...*	Para un niño de tres años, su hijo habla muy bien.
Other usages	a. *to be about to*	Estoy para salir.
	b. *in the opinion of*	Para mí, tu idea no vale mucho.
	c. *to work for*	Mi papá trabajaba para la United Fruit
	d. *toward or with*	Es muy amable (para) con sus empleados.
	e. *forever*	No volverán. Se fueron para siempre.

Practice 1

This is an exercise to give you general familiarity with **para.** Answer the questions, concentrating on the meaning given to the sentence by **para.**

MODEL: ¿Para dónde vas? ¿Para el centro?
          Sí, para el centro.

1.   ¿Para quién es ese paquete? ¿Para tu hermano?

2.   ¿Por qué te levantas a las seis? ¿Para llegar temprano?

3.   ¿Para qué sirve esa máquina? ¿Para limpiar calles?

4.   ¿Para qué estudias? ¿Para ser médico?

5.   ¿Para quién haces esa tarea? ¿Para tu profesor de español?

6.   ¿Para cuándo debes terminarla? ¿Para mañana?

7.   ¿Para qué título estás estudiando ? ¿Para el B.A.?

8.   ¿Para cuándo es esta lección? ¿Para la semana que viene?

9.   ¿Para qué compañía trabaja tu papá? ¿Para la Coca-Cola?

10. ¿Para qué es esta herramienta? ¿Para sacar corchos?

11. Para ti, ¿cuál es el mejor profesor? ¿El señor Hidalgo?

12. Para ser profesor, parece muy joven, ¿no?

13. ¿Cómo es el profesor para ti? ¿Generoso?

14. ¿Por cuánto tiempo me vas a querer? ¿Para siempre?

15. Este ejercicio es muy fácil para ti, ¿no?

III. The Preposition por

Study the following summary usages of **por**.

General Meaning	English Equivalent	Examples
Cause, motive	a. *because of, on account of, due to*	Fuimos a Arizona por mi enfermedad. Llegamos tarde por mi culpa.
	b. *for the sake of, in the attempt to*	Voy a la universidad solo por divertirme.
Route	a. *through, down, along, by way of*	Hay que entrar por la puerta de atrás.
General location of the action	b. *around*	Daban paseos por el parque. Mi hijo estaba jugando por aquí.
Time duration	a. *for*	Trabajé (por) seis horas ayer. (usually omitted)
Agent of passive	a. *by*	Este cuento fue escrito por Quiroga.
Substitution, exchange	a. *in place of*	Mañana trabajaré por ti.
	b. *for, in exchange for*	Le doy veinte dólares por el radio.
Rate	a. *per*	Hay aviones que vuelan a 1.500 millas por hora. Trabajo cinco días por semana. Le daré un descuento del diez por ciento.
Expressions of sentiment	a. *toward, for*	Siento una gran amistad (aversión, odio, simpatía, etc.) por el jefe.
Other uses	a. *yet to be done*	Tengo tres cartas por escribir.
	b. *be in favor of*	Todos están por la paz.
	c. *after, to get (for)*	Van a la tienda por pan.
	d. *no matter how (much)...*	Por mucho que pidan, no iré.
	e. *for the first (last) time*	¡Por primera (última) vez llegas a tiempo!

Practice 2

Familiarization with uses of **por**. Answer the questions below, concentrating on the meaning carried by **por**. If you do not understand any of the meanings, look them up in the chart on the previous page.

1. ¿Por quién fue escrita esta carta? ¿Por María Elena?
2. ¿Cuántas novelas te quedan por leer? ¿Dos?
3. ¿Por qué partido está usted? ¿Por el Demócrata?
4. ¿Cuánto dinero me da usted por mi coche? ¿Doscientos dólares?
5. ¿Por quién hace usted este trabajo? ¿Por su hermano?
6. ¿Cuánto tiempo estuvo usted en México? ¿Cuatro meses?
7. ¿Por qué se quedó usted en casa ayer? ¿Por el frío?
8. ¿Por qué cosa fue usted al centro? ¿Por leche?
9. ¿Qué siente usted por sus padres? ¿Respeto?
10. ¿A qué velocidad iba usted en su coche? ¿A noventa millas por hora?
11. ¿Por dónde iba usted? ¿Por el parque?
12. ¿Cuántas cuentas están por pagarse? ¿Tres?
13. ¿Qué porcentaje pide usted por su servicio? ¿El diez por ciento?
14. ¿Por quién preguntó la policía? ¿Por Miguel?

Practice 3

Replace the italicized portion of the sentence with either **por** or **para**, depending on the sense.

1. Tendremos vacaciones *alrededor* de la segunda semana de abril.
2. *No importa lo* interesante que sea, el libro cuesta demasiado.
3. El público ha contribuido bastante dinero *destinado* a la Cruz Roja.
4. Yo tuve que asistir a la clase *en lugar de* mi hermano.
5. Jorge fue a la farmacia *en busca de* medicina.
6. Mi papá está *a favor del* movimiento feminista.
7. El caballero se levantó *con intención de* hablar a la joven.
8. A los jóvenes les gusta jugar *a lo largo de* la playa.
9. *Considerando* su edad, ese señor juega magníficamente al tenis.

10. *Cerca de* aquí, cultivan muchas fresas.

11. Haré lo que pueda *con el propósito de* encontrarte trabajo.

12. Tu hijo siempre viene *a buscar* dulces.

13. Ustedes deben leer este capítulo *antes de* la semana próxima.

14. Ha venido el portero *a fin de* pedir su salario.

Practice 4

Continue substituting **por** and **para** as appropriate.

1. Si quieres te doy esta revista española *a cambio de* la chilena.

2. Mi suegra estará con nosotros *durante* varios meses.

3. El ladrón salió *a través de* la ventana.

4. Suspendieron el partido *a causa de* la lluvia.

5. Se me perdió la llave y tuvimos que entrar *a través de* la ventana.

6. *A causa de* su edad el diablo sabe mucho.

7. *Considerando* su edad, sabe mucho el chico.

8. Fui a tu casa *en busca de* mi dinero.

9. ¿Cuánto dinero pagarás *a cambio de* este traje?

10. Carlos no deja que nadie hable *en lugar de* él.

11. Espero que ustedes aprendan esto *antes de* mañana.

12. La criada se fue *en dirección a* la iglesia.

13. Todos lo escuchan *a causa de* ser muy elocuente.

14. Las hormigas avanzaban *a lo largo de* la huerta.

15. Este libro lo compré *como regalo a* Francisco.

16. *Antes del* verano ustedes sabrán español muy bien.

Practice 5

Continue substituting **por** or **para** as appropriate.

1. Al terminar la clase los estudiantes se van *camino a* la cafetería.

2. Van *a buscar* café.

3. No pude venir a clase *a causa de* estar enfermo.

4. Encontramos una carta *destinada a* mi padre.

5. *Teniendo en cuenta que es* una persona tan simpática tiene pocas amistades.

6. Me invitaron *a quedarme* una semana.

7. Le dieron cien dólares *a cambio de* su estéreo.

8. El muchacho estudió música *a fin de* complacer a su padre.

9. Las decoraciones de Navidad empiezan *más o menos en* octubre.

10. *En la opinión de* los estudiantes esto es una pérdida de tiempo.

Practice 6

Choose **por** or **para** (or expressions using them) to convey the indicated meaning given in parentheses.

1. Me gustaría trabajar sólo cuatro días _____ semana. (per)

2. ¿Qué me darías _____ esta pluma Parker ? (in exchange for)

3. El profesor ya salió _____ su casa. (in the direction of)

4. Mis padres estarán de viaje _____ dos semanas. (during)

5. El edificio fue destruido _____ el fuego. (by)

6. ¿_____ qué hiciste eso? (to what end? in order to gain what?)

7. No digas nada. Yo hablaré _____ los dos. (in behalf of)

8. ¿_____ qué hiciste eso? (for what reason ? why?)

Practice 7

Continue as before.

1. Mañana vendré _____ mi cámara. (to get)

2. Mi novia se marcha _____ España. (to)

3. Usted es muy amable _____ con nosotros. (toward)

4. Estoy muy agradecido _____ su cooperación. (for, because of)

5. No fueron a Europa _____ la devaluación del dólar. (due to)

6. _____ lo que dijo el profesor, tendremos el examen mañana. (judging from)

7. Estaré de regreso _____ las doce. (by)

8. Este año ahorraré dinero _____ ir a México. (in order to)

9. Hay que ir al laboratorio al menos dos veces _____ semana. (per)

10. Aquí tienes esta propina _____ tus buenos servicios. (on account of)

Practice 8

Answer the questions as indicated, using **por** or **para** according to the meaning.

1. ¿Con qué propósito te levantaste tan temprano? (estudiar francés)

2. ¿En lugar de quién trabajaste anoche? (mi hermano)

3. ¿Hacia dónde ibas esta tarde? (el teatro Diana)

4. ¿Durante cuánto tiempo hiciste cola? (dos horas)

5. ¿Cuánto dinero diste a cambio de los boletos? (seis dólares)

6. ¿Con qué fin compraste ese vestido? (ir a la Opera)

7. ¿Alrededor de cuándo regreserás? (las once de la noche)

8. ¿Cuándo, exactamente, estarás de regreso? (la medianoche)

9. ¿A favor de qué filosofía estás? (trabajar poco y divertirme mucho)

UNIT 17

Personal *a*

El hábito no hace al monje.

I. The Personal *a* Marks Direct Object Persons

1. **Vimos una película española anoche.**
2. **Vimos *a* tu compañera de cuarto anoche.**
3. **El muchacho que ayudó Ramón es mi sobrino.**
   The boy that Ramón helped is my nephew.
4. **El muchacho que ayudó *a* Ramón es mi sobrino.**
   The boy that helped Ramón is my nephew.

One of the reasons why Spanish word order can be more variable than English is the fact that the preposition **a** is used to mark the direct object when it is a definite person. In examples (3) and (4), *Ramón* appears in the same position. The presence or absence of **a**, however, makes it clear that Ramón is the subject in (3) but the object in (4).

Practice 1

Repeat the sentence, inserting **a** before the object of the verb if the object is a person.

1. El gato pasa horas mirando _____ el canario.

2. El gato pasa horas mirando _____ la cocinera.

3. A las once tenemos que llevar _____ mamá al aeropuerto.

4. Creo que bombardearon _____ la capital.

5. Ayer trajeron _____ mi caballo.

6. Visitamos _____ mis primos este verano.

7. Ese fue el perro que mordió _____ mi padre.

8. Agarraron _____ el ladrón que nos robó _____ el estéreo.

9. Cortaron _____ el gran árbol de la esquina.

10. A Ramón le gusta llamar _____ la atención.

Practice 2

Continue the practice as before.

1. En la olla ponga _____ la carne, las legumbres, sal y pimienta.

2. Por favor, llame _____ el doctor.

3. Salude _____ su madre en mi nombre.

4. Se llevó _____ un pan.

5. Echamos a perder _____ nuestro plan.

6. Se saludó _____ los nuevos congresistas.

7. Estamos esperando _____ los invitados.

8. Eligieron como gobernador _____ un idiota.

II. The Personal *a* with Pronouns Denoting Persons

The personal **a** is also used before such pronouns as the following when they refer to persons: **ése, alguien, nadie, ninguno, uno, quién, cuál, el que, el cual.**

Practice 3

Use a as required.

1. No conozco _____ nadie que tenga ese nombre.

2. ¿_____ quién te dijo eso?

3. ¿_____ quién ayudaste?

4. Estaba de mal humor. No quería ver _____ nadie.

5. Estaba enfermo. No quería comer _____ nada.

6. Saluda _____ cualquiera que encuentre en la calle.

7. ¿Los García que viven en la plaza? No, _____ ésos no los conozco.

8. ¿Rosa o María? No sé _____ cuál te refieres.

9. ¿Has visto _____ alguien más desmemoriado que yo?

10. ¿Tu vestido azul? _____ ése no lo he visto.

11. ¿Mandaste las cartas? No, no mandé _____ ninguna.

12. Ayer vimos _____ uno de los González.

13. ¿Saludaste _____ los dos chicos?

14. No, no saludé _____ ninguno.

15. ¿_____ cuál de los diccionarios prefieres?

III. The Personal *a* Omitted with Indefinite Persons

1. Busco secretaria.
2. Busco a mi secretaria. ¿La has visto?
3. Vimos un montón de gente en la calle.
4. Ahora vas a conocer el resto de la familia.
5. Vamos a llamar un médico.
6. Vamos a llamar al médico.
7. Voy a enviar unos muchachos.
8. Tengo tres hermanos.
9. Hay veinte estudiantes en esta clase.

When the person referred to by a direct object noun is unclear or unknown, the personal **a** is ordinarily omitted. This happens when the person is any one of a class of people (as in examples 1 and 5 above), rather than a specific individual. It also happens when a numerical or quantitative expression precedes the noun, as in 3 and 4, or when the identity and definiteness of the people are lost in a mass situation, as in 7.

The objects of **haber** and **tener** are not marked with **a** (except in certain restricted cases with **tener**). See examples 8 and 9.

There are many cases where the use of **a** is optional. For example, animals may be spoken of as we speak of people (pets, etc.). To the degree that nonhuman objects are personified, **a** will likely be used.

> 1. Patriota es el hombre que *ama a su patria* sobre todas las cosas.
> 2. Los italianos del renacimiento casi *deificaban a la belleza.*
> 3. (Sam es mi perro.) Mira, tenemos que *llevar a Sam* al veterinario. Tiene una herida en esta pata.

Practice 4

Supply **a** if needed.

1. Visitamos _____ los enfermos de ese hospital.

2. Había _____ médicos y enfermeras competentes.

3. Vimos _____ médicos generales y especializados.

4. Dejamos _____ los niños con la abuela.

5. Necesitamos _____ jardineros competentes.

6. Vi _____ la muchedumbre en la plaza.

7. Compré _____ el perro de que te hablé.

8. Mira _____ mi hermosa gata.

9. Tenemos _____ hijas que estudian en Francia.

10. El patrón envió _____ la mitad de los empleados a casa.

Practice 5

Continue as before.

1. Midieron y pesaron _____ los niños.

2. Llevaron _____ los soldados heridos al hospital.

3. Encontraron _____ las víctimas del accidente aéreo.

4. Llevaron _____ los perros a la Sociedad Protectora de Animales.

5. Llame _____ los estudiantes que estén ahí.

6. Buscan _____ trabajadores que tengan experiencia.

7. Encontré _____ mi gato comiéndose el queso.

8. Aceptaba _____ la pobreza y bendecía _____ su comunidad de monjas.

9. Había _____ unos niños con hambre.

10. Lleven _____ el bebé a la cuna.

11. Examinaron _____ todos los heridos.

12. La niña peina _____ su muñeca.

General Practice 1

Read the English sentence. Then say the Spanish sentence, supplying **a** if needed so as to express the meaning given.

1. This is the girl who insulted the professor.

   Esta es la chica que insultó el profesor.

2. They ordered him to close the Museum.

   Le ordenaron cerrar el museo.

3. He took my friend and showed him the new house.

   Llevó mi amigo y le mostró la casa nueva.

4. We visited my father, then my aunt Bertha, and lastly my cousin Alice.

   Visitamos mi padre, luego mi tía Bertha y por último mi prima Alice.

5. We introduced Charles to our friends.

   Presentamos Charles a nuestros amigos.

6. They have two uncles and six cousins.

   Tienen dos tíos y seis primos.

7. The man cut himself with a knife.

   Se cortó el hombre con el cuchillo.

8. You see the same beggar that Velázquez painted.

   Ves el mismo mendigo que pintó Velázquez.

9. They found three survivors of the crash.

   Encontraron tres sobrevivientes del choque.

10. There are children hurt in the crash.

    Hay niños heridos en el choque.

General Practice 2

Continue as before.

1. We saw the girl the professor insulted.

    Vimos la chica que insultó el profesor.

2. That was the horse that kicked the trainer.

    Ese fue el caballo que pateó el entrenador.

3. I'm looking for the girl who speaks German.

    Busco la chica que habla alemán.

4. They worship the dead.

    Adoran los muertos.

5. They arrested the man with the gun.

    Se detuvo el hombre con la pistola.

6. The police caught a bunch of thieves.

    La policía agarró un grupo de ladrones.

7. You see the same beggar that painted Velázquez.

    Ves el mismo mendigo que pintó Velázquez.

8. They brought wounded soldiers here to the hospital.

    Trajeron soldados heridos acá al hospital.

9. He doesn't want to see anybody.

    No quiere ver nadie.

10. You can't avoid death.

    No se puede evitar la muerte.

UNIT 18

Prepositions:
Use and Non-Use

Un hombre con pereza es un reloj sin cuerda.

It is not possible to generalize very much about the use of prepositions. Constructions involving them have to be learned one by one. We present here those most commonly used. See also the Units on **Personal a** and **Por** vs. **para.**

I. Spanish Preposition vs. English No Preposition

Spanish uses a preposition in these constructions but there is none in the corresponding English phrase.

Practice 1

Read the first sentence, observing the prepositional usage. Then read and complete the second sentence. Be sure to think about the meaning of what you are reading.

MODEL: No *me atrevo a* decir nada porque los patrones se enojan.
El gato no se atrevía a salir a causa de los perros.

1. Si yo *me casara con* tu hermana, sería el tío de tus hijos.
   Hace veinte años que mi padre se casó _____ mi madre.

2. Si uno *deja de* usar un idioma, no lo olvida pero pierde fluidez.
   La compañía no deja _____ enviar cuentas hasta que pagas lo que debes.

3. Las niñas no *cesaban de* cantar en voz baja.
   ¿Nunca cesarán los hombres _____ pelear?

4. En España se *entra en* la casa pero en Hispanoamérica se *entra a* un lugar.

   Cuando suena el timbre, todos los niños entran _____ la sala de clase.

5. Hay que *fijarse en* los usos de las preposiciones.
   Fíjate _____ el color de los ojos de ese gato.

6. En tales casos siempre *vamos (corremos, nos detenemos, venimos, subimos, bajamos*—any verb of motion) *a* consultar el diccionario.

   A las seis en punto el viejo bajaba _____ tomar el desayuno.

7. La edad del individuo no debe *influir en* su credibilidad.

   Es inevitable que el dinero influya _____ las opiniones de los políticos.

8. Muchos de los que *se oponían a* la guerra huyeron del país. ¿Tus padres se oponen _____ que te cases?

9. La vieja no deja que sus gatos *salgan de* la casa.

   ¿A qué hora sales _____ la universidad?

Practice 2

Complete the sentence, using the correct preposition.

1. ¿Se atreve usted _____ saltar con paracaídas?

2. _____ cuál de las hermanas te quieres casar?

3. Ese perro no deja _____ ladrar toda la noche.

4. Las palomas siempre vuelven y entran directamente _____ el palomar.

5. Fíjate _____ el color de los ojos de ese chico.

6. A las 6:30 en punto los viejos bajan _____ desayunar.

7. Las esposas a veces influyen mucho _____ las decisiones de los presidentes.

8. Yo me opongo _____ que les den armas a los dictadores.

9. La niña todavía no ha salido _____ su dormitorio.

10. Los viejos nunca cesan _____ dar consejos.

Practice 3

Translate using the verbs you just practiced.

1. It isn't possible for you to marry your sister.

2. The actors enter the theater by this door.

3. I don't dare translate some of these words.

4. Many students oppose the obligatory study of foreign language.

5. I noticed that there are no birds here.

6. Pollution influences every aspect of our life.

7. There are people who never cease learning.

8. Go and buy me a newspaper.

9. Come sit by me.

10. We get out of class at 4:30.

11. They have to stop talking in class.

12. Run and turn off that light!

II. English Preposition vs. Spanish No Preposition

Spanish uses no preposition in these constructions, but the corresponding English construction does.

Practice 4

Read the Spanish sentence, noticing its construction. Then translate the English sentence.

1. *to look for*   **buscar**
   Busco ejemplos de estas preposiciones.

   He's looking for his dog.

2. *to be grateful for*   **agradecer**
   Les agradezco lo que han hecho por mí.

   I'm grateful for your help.

3. *to listen to*   **escuchar**
   Escuche usted esa música.

   I like to listen to the birds.

4. *to wait for*   **esperar**
   Esa gente espera el autobús.

   We have to wait for the other plane.

5. *to be impossible to, possible to, dificult to, etc.* **es posible, difícil,...**
Es imposible saberlo todo.

It is impossible to learn everything.

6. *to pretend to* **fingir**
La chica fingió desmayarse.

The policeman pretended to know her.

7. *to manage to* **conseguir**
Si consigo terminar este capítulo iré al cine.

Did you manage to see the professor?

8. *to need to* **necesitar**
El país necesita desarrollar más fuentes de energía.

You don't need to spend any money.

9. *to try to* **procurar**
Procuren hacer este ejercicio bien.

Try to concentrate on your reading.

10. *to try to* **intentar**
Intentaron robar el Banco Nacional anoche.

My friend tried to fix his car but he couldn't.

11. *to want to* **querer**
No quiero pasar toda la vida en una oficina.

I want to spend a year abroad.

12. *to want to* **desear**
Desean terminar este ejercicio pronto.

We want to help the poor.

13. *to be sorry for* **sentir**

Siento tener que molestarte.

I'm sorry for the inconvenience.

14. *to be afraid of* **temer**
Temo no llegar a tiempo al aeropuerto.

He's afraid of telling the truth.

15. *to keep from* **impedir**
Tengo que impedir que mi perro persiga los gatos.

The rain kept me from arriving on time.

16. *to hope to*   **esperar**
Esperan terminar el trabajo hoy.

    He hopes to return home soon.

17. *to seem to*   **parecer**
Parecen no tener vergüenza.

    He doesn't seem to understand English.

18. *to promise to*   **prometer**
Prometió manejar con cuidado.

    She promised to go to the movies with me.

19. *to know how to*   **saber**
El profesor sabe nadar pero no sabe esquiar.

    Do you know how to dance flamenco?

20. *to advise to*   **aconsejar**
Les aconsejo no perder tiempo.

    He advises us to save energy.

21. *to decide to*   **resolver, decidir**
Resolvimos mudarnos a Hawai.

    She decided to sell me her car.

22. *to like to*   **gustar**
No me gusta escribir composiciones.

    I like to read stories by Agatha Christie and Dorothy Sayers.

23. *to continue to*   **seguir + -ndo**
Siguen haciendo ruido.

    They continue to grow even in the shade.

Practice 5

Using the verb given in parentheses, express in Spanish the following ideas:

1. They want to go to Japan. (querer)

2. I need to buy more stamps. (necesitar)

3. She hopes to get married this year. (esperar)

4. We are sorry for interrupting your dinner. (sentir)

5. We managed to save enough for the trip. (conseguir)

6. We want to express our condolences. (desear)

7. We don't try to judge your actions. (intentar)

8. She likes to ride horses. (gustar)

9. We promise not to make too much noise. (prometer)

10. He's afraid of not finishing on time. (temer)

11. Prices continue to rise. (seguir)

12. The thieves tried to open the back window. (intentar)

13. We should try not to make so much noise. (procurar)

14. They decided to spend the summer abroad. (decidir)

15. We like to go out for dinner once a week. (gustar)

16. They advised us to come earlier to class. (aconsejar)

17. She knows how to play several instruments. (saber)

18. We are grateful to him for his help. (agradecer)

19. He was looking for a good guitar. (buscar)

20. They were waiting for the results of the exam. (esperar)

21. They listen to the news every evening. (escuchar)

22. It's impossible to study with so much noise. (Es imposible)

23. The girls pretended to be sleeping soundly. (fingir)

III. Contrasting Prepositions – Spanish vs. English

The verbs in the following practice require a preposition in both languages but the prepositions do not correspond.

Practice 6

Read the Spanish sentence noticing its construction. Then translate the English sentence as in Practice 4.

1. *to consent to* **consentir en**
   El profesor consintió en darme otro examen.

   My father consented to lend me his car tonight.

2. *to say good-by to* **despedirse de**
   Mi madre siempre llora cuando se despide de nosotros.

   I finally had to say good-by to my old shoes.

3. *to consist of* **consistir en**
   La familia consiste en el padre, la madre y los hijos.

   My problem consists of too much work and too little time.

4. *to count on* **contar con**
   Siempre puedo contar con la ayuda de mi familia.

   It's good to be able to count on a good friend like you.

5. *to worry about* **preocuparse por**
   No quiero que te preocupes por mis problemas.

   He doesn't worry about money. His father pays his bills.

6. *to make an effort to* **esforzarse por**
   Tenemos que esforzarnos más por terminar este trabajo.

   The students should make an effort to keep this room clean.

7. *to depend on* **depender de**
   Aquí podemos depender del servicio telefónico.

   You can depend on Fidel. He's an excellent watch dog.

8. *to be in love with* **estar enamorado de**
   to fall in love with **enamorarse de**

Mi hermano está locamente enamorado de su novia.

Your sister is in love with that eccentric art professor.

9. *to laugh at*   **reírse de**
Las chicas se reían de los piropos de Ramón, el español.

He never laughs at my jokes.

10. *to be the first (last) to*   **ser el primero (último) en**
¿Quién fue el primero en poner pie en la luna?

We were the last ones to get the news.

11. *to try to*   **tratar de**
Siempre trato de terminar mi trabajo a tiempo.

Why don't you try to get to class earlier?

12. *to deal with*   **tratar de**
Esta película trata del incendio de un rascacielos en Nueva York.

This book deals with the problems of drug addicts.

13. *to be at*   **estar en**
Tengo que estar en el aeropuerto a las ocho.

We'll be at the tennis court all morning.

14. *to dream of*   **soñar con**
No me gusta soñar con serpientes ni gatos negros.

What did you dream about?

15. *to be hard (easy) to (do)*   **ser difícil (fácil) de**

Esa novela es muy difícil de entender.

My house is easy to find.

Practice 7

Choose the correct preposition if one is needed.

1. The lecture will deal with the sex life of the chameleon.
La conferencia tratará _____ la vida sexual del camaleón.

2. Unless you are a biologist, it is hard to get interested in that subject.
A menos que uno sea biólogo es difícil _____ interesarse en ese tema.

3. Because the lecturer is my friend, I'll be at the auditorium.
Porque el conferencista es mi amigo estaré _____ el auditorio.

4. Why don't you try to come also?
   ¿Por qué no tratas _____ venir también?

5. Let's try to be the first ones to get there.
   Tratemos _____ ser los primeros _____ llegar.

6. We cannot depend on the bus service.
   No podemos depender _____ el servicio de autobuses.

7. My brother consented to lend me his car tonight.
   Mi hermano consintió _____ prestarme su coche esta noche.

8. And, we always can count on my father's help.
   Y siempre podemos contar _____ la ayuda de mi padre.

9. The lecture will consist of his talk and a film.
   La conferencia consistirá _____ su charla y _____ una película.

10. There go Chuck and Sally. They are very much in love with each other.
    Ahí van Chuck y Sally. Están muy enamorados el uno _____ otro.

11. Your friend left without saying good-by to anybody.
    Tu amigo partió sin despedirse _____ nadie.

12. He fell on the stairs, and some silly kids laughed at him.
    Se cayó en las escaleras y unos chicos tontos se rieron _____ él.

13. He worries too much about such details.
    Él se preocupa mucho _____ tales detalles.

IV. Contrasting Prepositions in Spanish

The verbs in this group have more than one common construction, some using one preposition, some another, and some using no preposition.

1. *to think*

   a. asking for somebody's opinion about **pensar de**

      ¿Qué piensas de esa chica?

      What do you think of that girl?

   b. to think about/of **pensar en**

      Esa chica sólo piensa en divertirse.

      That girl only thinks of having fun.

   c. to plan on/to **pensar + infinitive**

      Esa chica piensa divertirse esta noche.

      That girl is planning on having fun tonight.

   d. think about + object pronoun **pensar + direct object pronoun**

      Piénsalo bien antes de comprometerte.

      Think about it before you commit yourself.

2. *to forget*

   a. **olvidar**

      Olvidé las llaves.

      I forgot the keys.

   b. **olvidarse de**

      Me olvidé de las llaves.

      I forgot the keys.

   c. **olvidársele algo a uno**

      Se me olvidaron las llaves.

      I forgot the keys.

3. *to complain*

    a. to complain about **quejarse de**

        No te quejes de todo.

        Don't complain about everything.

    b. to complain to **quejarse a/con**

        Los estudiantes se quejaron al decano.

        The students complained to the dean.

4. *to taste like, to know*

    a. to taste like **saber a**

        Este pastel sabe a limón.

        This cake tastes like lemon.

    b. to know **saber + object**

        Mi hermano menor sabe mucha aritmética.

        My little brother knows a lot of math.

Practice 8

Express the following ideas in Spanish.

1. I forgot my wallet.
2. This bread tastes like garlic.
3. I'm going to complain about my grades.
4. I plan to go abroad this year.
5. What does he think of his new job?
6. He already went to complain to his boss.
7. I don't know your telephone number.
8. I plan to invite some friends to dinner.
9. Do you know where I live?
10. I forgot to pay that bill.
11. Don't think about it anymore.
12. He's planning on taking you dancing.

General Practice 1

Complete the following sentences with the right preposition if one is needed.

1. No deje que mis opiniones influyan _____ su decisión.

2. Mucha gente no se atreve _____ salir de noche.

3. Por favor, deje _____ molestarme con sus quejas.

4. Estoy buscando _____ una buena novela.

5. Es difícil _____ estudiar con tanto ruido.

6. Van a salir _____ clase a las doce.

7. Estamos esperando _____ el café.

8. El tráfico me impidió _____ llegar a tiempo.

9. No te preocupes _____ nosotros.

10. ¿Quieres _____ venir a almorzar conmigo?

11. Nos agradeció _____ la visita que le hicimos.

12. Se opuso _____ que regresáramos a pie.

13. Le pedimos _____ flores y frutas.

14. Tratamos _____ no quedarnos hasta muy tarde.

15. Se despidió _____ nosotros muy amablemente.

16. Nos reímos muchísimo _____ ese idiota.

17. Esta sopa no sabe _____ nada.

18. Piensan _____ terminar este trabajo pronto.

19. Mi perro se enamoró _____ la perrita vecina.

General Practice 2

Express the following ideas in Spanish.

1. They were asking for money in the street.

2. The police pretended not to notice.

3. We were sorry to see their poverty.

4. Many don't know how to read or write.

5. They thanked us for the few coins with a sad smile.

6. We hope to be able to help in some way.

7. But we want to hear what the government says about them.

8. They need to eat and to have some place to sleep.

9. In order to enter the country, one must pay an enormous tax.

10. Many people don't dare criticize the government.

11. I don't want to leave with a bad impression.

12. It's not that I complain about everything.

General Practice 3

Complete the following sentences with the right preposition if needed.

1. Salimos a mirar _____ las vitrinas de las tiendas.

2. No buscábamos _____ nada en particular.

3. Prometimos _____ regresar antes de la comida.

4. Podemos contar _____ la cooperación de mi abuelo.

5. Él se casó _____ mi abuela cuando tenían veinte años.

6. Los padres de mi abuela se oponían _____ el matrimonio.

7. Los dos intentaron _____ escaparse pero no pudieron.

8. Mi abuela temía _____ disgustar a sus padres.

9. Prefirieron _____ esperar.

10. Finalmente los viejos consintieron _____ dejarlos casar.

11. Prometieron no _____ mencionar el asunto jamás.

12. Mi abuelo nos aconseja _____ obedecer a nuestros padres.

13. Me gusta _____ estar en casa de mi abuelo.

14. Pero mi abuela se preocupa _____ todos nosotros.

15. Y siempre se olvida _____ mi nombre.

UNIT 19

Comparisons

Más vale maña que fuerza.

I. Comparisons of Inequality

The most frequently used forms for making comparisons in Spanish are **más** (more) and **menos** (less). They are used alone or in combination with nouns, adjectives, or adverbs. Study the following examples:

> Tú tienes más tiempo que yo.
> Carmen es más guapa que Josefina.
> Yo tengo mucha suerte pero tú tienes más.
> Tú tienes menos dinero que yo.
> Carmen es menos inteligente que Josefina.
> Sergio siempre llega más temprano que nosotros.
> José tiene poco dinero pero yo tengo menos.

Practice 1

Answer the question according to the models.

MODELS: ¿Quién es más alto, tu papá o tu hermano?
Mi papá es más alto que mi hermano.

¿Quién es menos fuerte, tú o tu papá?
Yo soy menos fuerte que mi papá.

¿Quien tiene más dinero, Paco o Pepe?
Paco tiene más dinero que Pepe.

1. ¿Quién llega más tarde, el profesor o los estudiantes?

2. ¿Quién sabe menos, los estudiantes o el profesor?

3. ¿Quién trabaja más, tú o tu hermanito?

4. ¿Cuál canta más fuerte, la niña o su hermano?

5. ¿Cuál es menos inteligente, la vaca o el hombre?

6. ¿Quién se levanta más temprano, tu mamá o tu papá?

7. ¿Quién se queja menos, tu hermana o tu hermano?

8. ¿Qué te gusta más, el té, el café o el agua?

9. ¿Cúal está menos lejos, la playa o el parque?

10. ¿Cuándo llueve más, en la primavera o en el otoño?

Practice 2

Answer the questions according to the truth of the matter.

1. ¿Cuál es más grande, Bolivia o Argentina?

2. ¿Cuál es menos alto, Popocatépetl o el Monte Everest?

3. ¿Qué ciudad tiene más habitantes, Buenos Aires o La Paz?

4. ¿Qué ciudad recibe menos sol, Londres o Madrid?

5. ¿Qué país es más grande, China o el Japón?

6. ¿Qué país es más rico, Alemania o México?

7. ¿Cuál era más avanzada, la civilización de los apaches o la de los mayas?

8. ¿Cuál era más antigua, la civilización griega o la romana?

9. ¿Dónde hay más anglosajones, en Inglaterra o en Irlanda?

10. ¿Dónde se toma más vino en Francia o en Inglaterra?

11. ¿Dónde se encuentran menos nombres de origen español, en Minnesota o en California?

12. ¿Cuál está más cerca de California, Nevada o Colorado?

13. ¿Cuál está más lejos de California, Hawai o México?

14. ¿Qué cuesta más, un avión o un coche?

15. ¿Qué cuesta menos, un Cadillac o un Ford?

II. Irregular Comparative Forms

Mejor (better) and **peor** (worse) are normally used as the comparative forms for both the adjectives **bueno** and **malo** and the adverbs **bien** and **mal.** (**Más bueno** and **más malo** are occasionally used when the emphasis is on character traits of people, especially in such phrases as **más bueno que el pan** and **más malo que el diablo.** These usages will not be practiced here.) Study these examples:

> Ese coche es *bueno,* pero el mío es *mejor.*
> Ese muchacho juega *bien,* pero tú juegas mucho *mejor.*
> Paco cuenta chistes *malos,* pero los tuyos son *peores.*
> El jefe canta muy *mal,* pero tú cantas *peor* que él.

Mayor and **menor**, when applied to things rather than to people, are roughly equivalent to English *major* and *minor* (e.g., **Asia Menor, Plaza Mayor**). When applied to people, however, they refer to relative age, although the adjectives **joven** and **viejo** take the regular comparative with **más** and **menos.** Consequently, **mayor** and **más viejo** often are interchangeable, as are **menor** and **más joven.**

> Me parece que soy *mayor* que tú. (older)
> Pepe es mi hermano *menor.* (younger, youngest)
> Mi abuelo es *más joven* que mi abuela.
> Yo soy el *más joven* de mi familia.
> Tu perro es *más viejo* que el mío.

Practice 3

Complete the sentence using the proper form of the comparative.

1. Tu estéreo es malo, pero el de tu amigo es _____.

2. Estos discos son buenos, pero ésos otros son _____.

3. Guillermo toca el piano bastante bien, pero su hermana lo toca _____.

4. Este hijo mío parece muy joven, pero el otro es el _____.

5. Este pan es malo pero el americano es _____.

6. Ese hombre es viejo, pero su hermana es _____.

7. Carmen es de veras simpática, pero Consuelo es todavía _____.

8. Carlos es inteligente, pero José es un hombre mucho _____.

9. Tu hermanito es joven, pero el mío es _____.

10. Cuentas malos chistes a veces, pero ése fue el _____ de todos.

11. Ayer llegaste tarde, pero el profesor llegó todavía _____.

12. Hablando de edad, Concha me parece _____ que su hermana.

13. Jesse James fue malo, pero tú eres _____ que él.

14. De las buenas sinfonías de Beethoven, la quinta es una de las _____.

15 Mi abuelo es viejo, pero mi abuela es _____ que él.

16. Mi novia baila bien, pero tú bailas _____ que ella.

17. Los toros mexicanos son bravos, pero los toros españoles son _____.

18. Entre las personas que juegan mal, tú juegas _____ que nadie.

19. Carlitos sólo tiene siete años. Es mi hermano _____.

20. A la gente vieja también la llaman gente _____.

III. *Más de* and *menos de*

In affirmative sentences, **de** is used instead of **que** when making comparisons if a number or other expression of quantity follows. If the sentence is in any way negative, either **de** or **que** can be used.

> **Tengo más de trescientos dólares en el banco.**

> **Llegó menos de la mitad de los invitados.**

There is a negative construction in Spanish that is similar to the ones studied before, but is different in meaning.

The phrase **no ... más que** is the equivalent of *only* in English.

> **No necesito más que cuatro días para terminar este trabajo.**
> *I need only four days to finish this job.*
> **No había más que veinte personas en el teatro.**
> *There were only twenty people in the theater.*
> **Esto no es mármol. No es más que una imitación de plástico.**
> *This isn't marble. It's only a plastic imitation.*

This construction should not be confused with **no ... más de** plus a quantity, which is comparative in meaning.

> **Creo que puedo terminar este trabajo en dos días, quizá tres, pero de seguro, no necesito más de cuatro días.**
> *I think I can finish this job in two days, perhaps three, but, for sure, no more than four.*
> **Quizá había quince o dieciocho personas en el teatro, pero no más de veinte.**
> *Maybe there were fifteen or eighteen people in the theater, but no more than twenty.*

Practice 4

Complete the sentence using **de** or **que**, as appropriate.

1. El equipo de México ha perdido más _____ tres partidos este mes.

2. Ahora no, gracias. Ya he tomado más _____ dos copas de vino.

3. No creo que el viaje tarde menos _____ dos horas.

4. Por lo general, yo trabajo más _____ mi hermano.

5. Para seis personas vamos a necesitar más _____ una botella de agua mineral.

6. Me trajiste menos _____ seis pesos de cambio.

7. Te di más _____ diez pesos para hacer la compra.

8. No debiste pagar más _____ cuatro pesos.

9. Tú tardaste más _____ tu hermano en regresar a casa.

10. Parece que perdiste más _____ un tercio.

11. Jackson tiene más dinero _____ juicio.

12. Me parece difícil trabajar más _____ doce horas seguidas.

13. Yo lo he hecho más _____ una vez.

14. Menos _____ ocho horas sería poco tiempo.

15. El jefe no trabaja más _____ seis horas.

16. Mañana no trabajaré más _____ el jefe.

Practice 5

Transform the sentence given into another with similar meaning using **no ... más que** or **no ... más de** accordingly.

MODELS: Tengo solamente tres dólares.
No tengo más que tres dólares.

No sé cuántos invitados hay; ¿ocho, diez? Máximo, doce.
No hay más de doce invitados.

1. Compra sólo media docena de huevos.
2. No traigas cinco botellas de vino, solamente tres.
3. Sólo tomé aspirinas.
4. Únicamente invitaré a mis tres tías a la boda.
5. El número total de invitados no pasará de veinte.
6. Mis padres piensan servir champaña exclusivamente.
7. Creo que la recepción durará entre tres y cuatro horas.
8. El novio no ha cumplido treinta años todavía.
9. Pero la novia es más joven. Acaba de cumplir dieciocho años.
10. Pasarán en Acapulco sólo tres semanas, y luego irán a Bermuda.

IV. *Más* and *menos del que, de la que, de lo que,* etc.

When comparatives are followed by a clause, the appropriate form of **del que** or **de la que** is used instead of **que** or **de**.

1. If the comparison involves a noun, the definite article takes the gender and number of the noun.

La tienda me ha enviado *más libros de los que* compré.

Ha venido *más gente de la que* invitamos.

2. If the comparison involves an adverb, an adjective, or an idea (none of which have gender), the neuter article **lo** is used.

Era *más inteligente de lo que* parecía.

Hablas *español mejor de lo que* había esperado.

La biblioteca tiene *más libros de lo que* pensábamos.

In the last example, the number of books is not being compared with another number of books, as was the case in (1) above, but with the *idea* we had about the books.

Practice 6

Fill in the blanks as appropriate.

1. Tú hablaste más _____ yo quería.

2. Yo estoy ganando más _____ había esperado.

3. Mi profesor es mejor _____ yo pensaba.

4. El español es más fácil _____ yo creía.

5. He perdido más dinero _____ he ganado.

6. Tú has comprado más botellas _____ necesitamos.

7. Mi primo es más inteligente _____ yo me suponía.

8. Pedro bebe más cerveza _____ parece razonable.

9. Los niños hablan más fuerte _____ es necesario.

10. Mi novia resultó mayor _____ me imaginaba.

11. He recibido más paquetes _____ mandaron.

12. Los futbolistas han jugado mejor _____ esperaban.

13. Hay más gente aquí _____ cabe sin incomodidad.

14. Este apartamento tiene más habitaciones _____ necesitamos.

15. La novia pesaba más _____ había pensado el novio.

16. Gritaba mucho más _____ había creído.

17. Pero por fin vivieron felices más tiempo _____ habían supuesto sus padres.

18. La señora baila aún peor _____ yo había temido.

Practice 7

Review of Sections I–IV. Fill in the blank, as appropriate, with **que, de,** or the correct form of **del que.**

1. Aunque no lo parece, esta niña es mayor _____ su hermano.

2. Tiene más _____ nueve años.

3. El otro no tiene más _____ siete.

4. La niña es más fuerte _____ parece.

5. Siempre juega más _____ quiere su mamá.

6. La niña siempre tiene menos juguetes _____ quiere.

7. Su apetito es más grande _____ su estómago.

8. Siempre pide más comida _____ puede comer.

9. Por lo general, come menos _____ su hermano.

10. Esta tarde no comió más _____ dos o tres bocados.

11. La mamá le habló más _____ cinco veces.

12. Al fin, la niña comió más _____ quería.

13. La escuela le gusta más a Sue _____ a su hermana.

14. Sue recibe mejores notas _____ Elena.

15. A veces estudia más horas _____ prefiere su mamá.

16. En realidad es más aplicada _____ cree su mamá.

V. Comparisons of Equality

Spanish uses **tan(to) ... como** (English *as ... as, or as much ... as ...*) to express equality or equivalence. The form **tan** is used with adjectives and adverbs; the indeclinable **tanto** is used alone as an adverb; and **tanto, tanta, tantos,** and **tantas** are used in agreement with nouns.

Carlos es *tan simpático como* su hermana.
Habla *tanto como tú.*
Pero no habla español *tan bien como* tú.
Y no tiene *tantos amigos como* su hermana.

Practice 8

Make a comparison with **tan(to) ... como** out of the two parts of each sentence.

1. Mi hermano es alto y el tuyo es igualmente alto.

2. Pedro sabe mucho y Carlos sabe mucho también.

3. Los estudiantes llegan tarde y el profesor llega tarde también.

4. Federico tiene muchas ideas y Gonzalo también.

5. Federico tiene muchas ideas y tiene habilidad para realizarlas.

6. Guadalajara es hermosa y es agradable también.

7. Tiene muchas flores y tiene muchos árboles también.

8. Su clima es ameno y el de Hawai es ameno también.

9. Los tapatíos (ciudadanos de Guadalajara) juegan mucho al fútbol y los otros mexicanos juegan mucho al fútbol también.

10. Hay muchas chicas por la calle y hay muchos chicos también.

11. Las chicas son muy alegres y los chicos son muy alegres también.

12. Las chicas son muy alegres y son muy hermosas también.

13. Los viejos se ríen mucho y los jóvenes se ríen mucho también.

14. A los viejos les gusta divertirse mucho y a los jóvenes les gusta divertirse mucho también.

15. En Guadalajara hay muchos días hermosos en el invierno y hay muchos días hermosos en el verano también.

Practice 9

Review of **más ... que** and **tanto ... como.** For each of the following sentences, first ask a question with **tan(to) ... como** then answer it with **más ... que.**

MODELS: Carlos llegó hoy _____ tarde _____ ayer.
¿Carlos llegó hoy tan tarde como ayer?
Carlos llegó hoy más tarde que ayer.

Paco tiene _____ amigos _____ su hermano.
¿Paco tiene tantos amigos como su hermano?
Paco tiene más amigos que su hermano.

1. Carmen es _____ inteligente _____ su mamá.

2. Sarita canta _____ bien _____ su hermano.

3. Georgina juega _____ mal _____ Patricia.

4. Eduardo ha traído _____ dólares _____ pesos.

5. Eduardo ha traído _____ dólares _____ pedimos.

6. Lola ha pagado _____ cuentas _____ mandé.

7. Jorge resulta _____ inteligente _____ suponían.

8. Ese proyecto salió _____ mal _____ el nuestro.

9. La obra salió _____ mal _____ decía el patrón.

10. Sergio jugó un partido _____ bueno _____ el del domingo.

11. Sergio escribió un ensayo _____ bueno _____ esperaba el profesor.

12. La novia de Paco baila con _____ gracia _____ su hermana.

13. Tiene _____ plata _____ parece.

UNIT 20

Relatives

Barco en que mandan muchos pilotos pronto va a pique.

I. Relatives

> La música *que escuchan los adolescentes* rara vez les gusta a sus padres.

An adjective clause is formed, in Spanish as in English, when a sentence is used to modify a noun. Thus, in the sentence **Los estudiantes que vienen de Venezuela a veces encuentran dificultades con nuestro sistema de educación**, the adjective clause, **que vienen de Venezuela**, modifies **los estudiantes** much as the adjective **venezolanos** would in the same position.

Relatives (or relative conjunctions) are used in both Spanish and English to connect adjective clauses to the nouns they modify (i.e., to their antecedents). The English relatives *who, which,* and *that* have similar, but not identical uses to the Spanish relatives **que, quien, el que,** and **el cual**. (**Lo que** and **lo cual** are neuter variants of **el que** and **el cual**.)

Notice that, although relatives are frequently omitted in certain positions in conversational English (e.g., the man I saw last night; the man *that* I saw last night), relatives are almost never omitted in Spanish.

II. *Que*

Que is by far the most frequently used of the Spanish relatives.

1. La chica que conocí anoche es muy simpática.
2. El coche que atropelló a Ramón fue un Fiat.

Practice 1

Combine the following pairs of simple sentences to form one compound sentence having an adjective clause with **que**. This drill and all of the others in this unit are best done with books open.

MODELS: El deporte es un tema de conversación. Este tema les gusta mucho a los españoles.

El deporte es un tema de conversación que les gusta mucho a los españoles.

Prefiero jugar con ese muchacho. Ese muchacho juega muy bien.

Prefiero jugar con ese muchacho que juega muy bien.

1. Mi hermano conoce a una chica. Ella es campeona de judo.
2. El fútbol es un deporte. Este deporte se juega con 22 jugadores.
3. El fútbol cuenta millones de aficionados. Estos aficionados llegan a ser fanáticos a veces.
4. Una vez vi un partido. Marcaron 10 goles en ese partido.
5. El árbitro hizo muchas decisiones erradas. Esas decisiones enfurecieron al público.
6. El resultado del partido causó un desorden. En ese desorden muchos sufrieron heridas.

III. *Que* vs. *quien*

El muchacho *que* vino ayer se llama Ernesto.

El muchacho *con quien* vine ayer se llama Ernesto.

El diccionario *de que* te hablé ayer es éste.

El profesor *de quien* te hablé ayer es ése.

Que applies to people and things alike. **Quien** and its plural **quienes,** however, only apply to people. They are used instead of **que** after prepositions when the antecedent is a person.

Although **que** is sometimes used to refer to people when the preposition is **de, en,** or **a,** this usage is not always considered good. The best procedure, therefore, is to avoid **que** after any preposition when referring to people.

Practice 2

Complete the sentence using **que** or **quien**, as appropriate.

1. Acabo de conocer a las chicas de _____ hablabas ayer.

2. No ha llegado la carta en _____ me enviaron el cheque.

3. No volverás a ver al hombre a _____ prestaste tanto dinero.

4. Voy a visitar a mi abuelo por _____ siento gran respeto.

5. Aquélla es la casa en _____ vive mi abuelo.

6. No quiero hablar con ese ingrato por _____ tanto hice.

7. Aquí llega el candidato con _____ tendrá que debatir.

8. No entiendo el tema de _____ van a hablar.

9. Ése es el profesor de química de _____ los estudiantes se quejan tanto.

IV. Replacing *que* with *quien* in Nonrestrictive Clauses

In some sentences, the adjective clause is essential to the meaning of the sentence. In others, it has only an explanatory role. Compare these sentences. Notice that intonation and punctuation separate the nonrestrictive clause from the rest of the sentence.

Restrictive	Nonrestrictive (or explanatory)
Compramos las frutas *que estaban medio maduras.* *We bought only that fruit which was half ripe.*	**Compramos las frutas, *que estaban medio maduras.*** *We bought the fruit, all of which, incidentally, was half ripe.*
Siempre llegaban tarde los alumnos *que tenían clases en otro edificio.*	**Siempre llegaban tarde Antonio y Jaime, *quienes tenían clases en otro edificio.* (or *que tenían clases...*)**
El dueño de la casa *que compramos* era un viejo avaro y antipático.	**El dueño de la casa, *quien estaba* (or *que estaba*) *en el extranjero,* había dejado las llaves con su hija.**

When the reference is to persons and when the clause is nonrestrictive, that is, merely explanatory, either **que** or **quien** may be used. In restrictive clauses, **quien** is not used. Because English uses "who" in both types of clauses, students tend to use **quien** where it is not used in Spanish. Consequently, when in doubt, use **que.**

Practice 3

Use **quien** to replace **que** where it is appropriate. When it is not, simply repeat the sentence as given.

1. El vecino que toca la guitarra es argentino.

2. Respetaban a mi padre, que era un hombre honrado.

3. Compré el coche que tú me recomendaste.

4. Mi padre, que es muy generoso, me dio el dinero.

5. La secretaria que entrevisté ayer comenzará a trabajar mañana.

6. ¿Te gustó la artista que debutó anoche?

7. José, que es mi mejor amigo, está enfermo.

8. ¿Te acuerdas de ese cómico francés que vino el año pasado?

9. Mi hermana, que vive cerca de tu casa, quiere invitarte a comer.

10. El cartero que tiene esta ruta siempre llega a las diez.

V. Cuyo

The relative **cuyo**, restricted in its usage to the more complex sentences associated with written style, is used to express the idea of possession. Thus:

Estas son flores tropicales.

Su perfume es muy penetrante.

may be combined to form a longer sentence as follows:

Estas son flores tropicales cuyo perfume es muy penetrante.

Note that **cuyo** agrees in number and gender with the noun that follows:

Díaz es el pintor *cuyos cuadros* se exhiben en la Galería Moderna.

Esa es la casa de *cuyo jardín* japonés te hablé antes.

Practice 4

Combine the following sentences, using a form of cuyo.

MODEL: Eligieron presidente a Gloria. Sus ideas son feministas.
Eligieron presidente a Gloria, cuyas ideas son feministas.

1. El gobernador es un viejo político. Su filosofía es racista.
2. Trataban de cancelar las elecciones. Su resultado podría causar una sublevación.
3. No dieron permiso para un desfile. Su efecto llegaría a ser grave.
4. Los sindicatos laborales son fuerzas sociales. Su poder disminuye cada día.
5. Las mujeres por fin lograron el sufragio. Su valor político y social es inestimable.
6. Uno de los recursos políticos es el dinero. Su importancia es definitiva.
7. Jefferson es uno de los personajes de la historia de los EE.UU. Se siente todavía su influencia.
8. Lincoln es otro gran norteamericano. Su fama es mundial.
9. John F. Kennedy fue un gran estadista. Su personalidad encantó a millones.

In dealing with **cuyo**, you should keep in mind that, although **cuyo** is often paralleled by the English *whose* and vice versa, the English interrogative *whose*, as in "Whose book is this?", is never equivalent to Spanish **cuyo**. Interrogative *whose* is always **¿De quién?** (or **¿De quiénes?**) in Spanish: **¿De quién es este libro?** = *Whose book is this?*

Practice 5

Fill in the blanks with **de quién** or the proper form of **cuyo**.

1. I don't like a bar whose prices are too high.
No me gusta un bar _____ precios sean demasiado altos.
2. Whose drink is this?
¿_____ es esta bebida?

3. I don't know whose it is.
No sé _____ es.

4. Here comes the man whose drink you just drank.
Ahí viene el hombre _____ bebida acabas de tomar.

5. Who's the one who drank my drink?
¿_____ se me tomó la bebida?

6. A man whose name I don't know did it.
Lo hizo un hombre _____ nombre no sé.

7. A man whose friends are like you doesn't need enemies.
Un hombre _____ amigos son como usted no necesita enemigos.

8. Tell him whose friend I am.
Dígale _____ soy amigo.

VI. *El que* and *el cual*

The relatives **el que** and **el cual** alternate with the relative **que**. They are found most often after prepositions and in nonrestrictive clauses. They are usually associated with a more elevated style than the **que** variant. The following three sentences thus have the same meaning:

Se le rompió el palo con *que* iba a remar.

Se le rompió el palo con *el que* iba a remar.

Se le rompió el palo con *el cual* iba a remar.

Note that **el que** and **el cual** must agree with their antecedent in gender and number. This characteristic permits these relatives to resolve ambiguities when there are two or more possible antecedents, a function which **que** is unable to fulfill.

Compare the ambiguity of:

La hija de mi vecino, que es muy inteligente, no trabaja nunca.

with the lack of ambiguity of:

La hija de mi vecino, la cual (or la que) es muy inteligente, no trabaja nunca.

> ### EL CUAL PREFERRED WITH LONGER PREPOSITIONS
>
> **El presidente y sus ministros avanzaron hasta la estatua *delante de la cual* (or *la que*) depositaron una corona.**
> *The president and his ministers went up to the statue before which they placed a wreath.*
> **La vieja sonrió y se puso unos anteojos de oro *sin los cuales* (or *los que*) no leía ni una letra.**
> *The old lady smiled and put on a pair of gold spectacles without which she couldn't read a thing.*
> **Nunca olvidaré el título de esa película *por causa de la cual* (but not *la que*) perdí a mi novia.**
> *I shall never forget the title of that picture on account of which I lost my fiancée.*

With longer prepositions, **el cual** is preferred to **que** or **quien**. El cual is also used with short prepositions, especially **por**, **sin**, and **para**. Because **el cual (la cual, los cuales, las cuales)** shows the number and gender of its antecedent, it is often used in longer and more complex sentences in order to contribute to clarity.

Many sentences that admit **el cual** could also have **el que (los que, la que, las que)**, but not all. The conditions that allow **el cual** but not **el que** are subtle, and it seems better not to deal with them here.* The student will always produce well-formed sentences if he or she uses **el cual** with longer prepositions. Comprehension of sentences using **el que** offers no problem.

Practice 6

Replace the italicized words with the proper article plus **cual** or **cuales** and combine the two sentences.

MODEL: Los amigos se encontraron en medio de la plaza. Alrededor de *la plaza* había edificios muy altos.

Los amigos se encontraron en medio de la plaza alrededor de la cual había edificios muy altos.

1. El verano pasado hice una gira por Latinoamérica con varios amigos. Entre *ellos* había un profesor de antropología y otro de sociología. Los demás éramos estudiantes de español, arte, y ciencia política.

---

* See Gili y Gaya, S. *Curso superior de sintaxis española* (Barcelona: Vox, 1964), p. 307, for analysis of the distinction in use.

2. De Nueva York fuimos en avión a Los Ángeles donde esperamos a dos de los muchachos que habían hecho el viaje en coche. Sin *ellos* no podíamos comenzar el viaje.

3. Tenochtitlán, la capital del imperio azteca, estaba en medio de una isla a una altura de 2.380 metros en el lago Texcoco. Sobre *este lago* los españoles más tarde construyeron la ciudad de México.

4. A veintiocho millas de México están las pirámides de Teotihuacán que fueron construidas alrededor del siglo I d.C. (después de Cristo). Entre *ellas* se destaca la Pirámide del Sol que está sobre las ruinas de la que probablemente fue la ciudad más grande del mundo antes de su decadencia en el siglo X.

5. La ciudad de Taxco en México es centro de artesanía y otras industrias manuales. Entre *estas industrias* sobresalen los trabajos de plata y alfarería.

6. En Guatemala visitamos la ciudad de Antigua. Cerca de *esta ciudad* queda el hermoso lago de Atitlán.

7. Luego fuimos a Costa Rica, ya que queríamos ver el volcán Irazú. Sobre las faldas de *este volcán* está la capital del país, San José de Costa Rica.

8. En Puerto Rico gozamos mucho en los barrios del viejo San Juan. En *éstos* se puede apreciar la influencia de España tanto en la arquitectura como en las costumbres.

9. En uno de los cerros que rodean a Bogotá está la iglesia colonial de Monserrate. A *esta iglesia* se puede llegar por el teleférico o por el funicular.

10. De Bogotá pasamos a Zipaquirá a visitar las minas de sal. Dentro de *las minas* han construido una catedral subterránea con capacidad para 15.000 personas.

11. En la Ciudad Universitaria en Caracas hay magníficas obras de escultura. Sobre *éstas,* desafortunadamente, los estudiantes colocan anuncios y carteles.

12. El desarrollo, la educación y el adelanto técnico en Latinoamérica son motivo de interés de muchas organizaciones internacionales. Entre *éstas* se encuentran la UNESCO en educación, la FAO en alimentación, la UNICEF en el bienestar de la niñez, la WHO en la salud y otras.

VII. *Lo cual* and *lo que*

The relatives **lo cual** and **lo que,** essentially identical in meaning and usage, are neuter variants of **el cual** and **el que.** They are used when the antecedent is a whole clause instead of a single word having gender and number. Compare the following sentence with its English equivalent:

No sabe nadar, *lo cual* (or *lo que)* **quiere decir que no debe jugar en la canoa.**

He doesn't know how to swim, which means he shouldn't play in the canoe.

Practice 7

Combine the following pairs of sentences, using the relatives **lo cual** and **lo que** in alternate sentences.

1. Juan Carlos logra sacar buenas notas sin estudiar. Esto les interesa mucho a los profesores.

2. Terminó su examen final muy temprano. Esto llamó la atención de los demás estudiantes.

3. Salió y tomó un refresco. Después de esto, regresó para esperar a sus amigos.

4. Todo el mundo lo felicitó por su éxito. Juan Carlos agradeció esto con una sonrisa forzada.

5. Los jóvenes apreciaban el éxito intelectual de Juan Carlos. Esto le aseguraba su éxito social.

6. Desgraciadamente, se descubrió más tarde que Juan Carlos había hecho trampas en el examen. Esto fue un fuerte desengaño para todos.

7. Juan Carlos rehusó confesar su falta. Esto no ayudó su caso.

8. Pero la evidencia era aplastante. Esto exigía medidas disciplinarias.

9. El profesor sólo dispuso que Juan Carlos no aprobara el examen. Esto sorprendió a muchos.

10. Pero Juan Carlos no perdió el curso. Por esto pensó que se había escapado sin castigo alguno.

11. Pero perdió el respeto de todos. Esto es, en realidad, el peor castigo.

Practice 8

Review. Fill in the blanks with the appropriate form of **quien, el cual, el que, lo cual, cuyo,** or **que.** More than one answer is often possible.

1. Mi compañero de cuarto, para _____ tengo un gran afecto, ronca como tres tigres.

2. Cuando viven juntas dos personas, una de _____ tiene ciertas idiosincrasias, hay que tener cuidado.

3. En fin, todos tenemos nuestros defectos, _____ quiere decir que hay que ser humilde.

4. El problema a _____ me refiero es el de vivir juntos sin reñirse.

5. Una persona _____ ropa sucia se ve por todos lados causa problema.

6. La persona a _____ me refiero es mi compañero de cuarto.

7. Mi compañero, _____ nombre es Edgardo, no tiene una voz exactamente angélica.

8. La persona con _____ paso la tercera parte de cada día es Edgardo.

9. El cuarto en que vivimos, dentro de _____ no se podría meter ni un solo libro más, es ameno.

10. Los sábados generalmente salimos los dos para ver alguna película de segunda categoría, _____ preferiblemente trate de terror y suspenso.

11. O sea, buscamos películas sin moraleja ni valor social, _____ indica que no estamos buscando educación sino diversión.

12. Un día oímos hablar de una película _____ dos personajes principales eran compañeros de cuarto.

13. Naturalmente nos parecía que era una película a _____ no debíamos dejar de asistir.

14. Sin otros amigos con _____ salir, fuimos sólo los dos.

15. Compramos las entradas y pasamos por una espesa cortina, detrás de _____ nos encontramos en una sala muy oscura.

16. En seguida vimos que habíamos escogido una película _____ no nos iba a gustar mucho.

17. Hasta mi compañero, a _____ no suele molestarle nada, sufrió un grave desengaño por la baja categoría de la película.

18. La película no resultó ser de nuestra acostumbrada segunda categoría sino, a lo mejor, de cuarta o quinta, _____ prueba que no hay que escoger las películas sólo por el título.

19. Por esa película de tan mala categoría, _____ nunca olvidaremos, decidimos dejar de ir tanto al cine.

20. Hoy en día pasamos muchas tardes en _____ no hacemos sino estudiar. ¡Qué horror!

VIII. Nominalized *el que*

Compare the use of **el que** in the following two sentences:

Me han robado el libro de gramática, sin *el que* no podré prepararme para mañana.

Este libro de gramática es *el que* recomendó el profesor.

In the first sentence, **el que** (equivalent here to English *which*) is a simple relative, in which the article is an integral part. This relative is replaceable without essential change in meaning by **que** or **el cual.**

In the second sentence, however, **el que** is equivalent to English *the one that.* **El que** here is not a simple relative but a compound structure in which the article represents the antecedent **mi libro de gramática** and the **que** is a relative, connecting the antecedent with the following relative clause. Because the article stands in place of a noun phrase in this structure, it can be said to be nominalized.

The most convenient way to remember this usage is to associate it with English *the one(s) that.*

Practice 9

Answer the questions according to the indicated pattern.

> MODELS: ¿Qué remedio prefiere Juan?
> Prefiere el que recomendó usted.
>
> ¿Qué pistola compró Fidel?
> Compró la que recomendó usted.

1. ¿Qué legumbres come el gordo ahora?
2. ¿Qué tipo de zapatos buscan los chicos?
3. ¿Qué ejercicio hacen los viejos?
4. ¿Qué uniformes han usado los jugadores?
5. ¿En qué auto fueron al estadio?
6. ¿Qué modo de comunicación usaron?
7. ¿Por qué calle salieron?
8. ¿Qué explicaciones utiliza el entrenador del equipo?

Practice 10

Answer the questions following the model.

> MODEL: ¿Vas a comprar un auto nuevo?
> No, me gusta el que tengo.

1. ¿Quieres probar esta guitarra?
2. ¿No vas a buscar patines del tipo nuevo?
3. ¿Quieres una pluma que tenga una punta fina?
4. ¿Quieres probarte otra corbata?
5. ¿No te parece que otras ideas pueden ser mejores?
6. ¿Quieres que te traiga una cerveza más fría?
7. ¿Puedes ponerte esta camisa? Te la regalo.
8. ¿Quieres comprar diccionarios más modernos?
9. ¿No preferirías otro profesor de español?

IX. *Lo que* as Equivalent of What

> 1. **Mi perro no quiere comer, lo que (lo cual) significa que no está bien.**
>   *My dog doesn't want to eat, which means that he isn't feeling good.*
>
> 2. **Lo que quiero es una nota de A.**
>   *What I want is an A grade.*

As it is used in sentence 1 (practiced in Section VII), **lo que** is a relative that functions like English *which* to refer to an idea just expressed. **Lo que** is interchangeable with **lo cual** in this use.

Lo que, but not **lo cual**, is also used as we use *what* in English. Whenever *what* is not interrogative or exclamatory (as in *"What a lie!"* —!Qué mentira! *"What do you mean?"* —¿Qué quiere decir?), it is to be translated by **lo que**.

Practice 11

Answer the questions according to the pattern.

MODEL: ¿Qué quieres? ¿Más dinero?
         Sí, lo que quiero es más dinero.

1. ¿Qué necesitas? ¿Una idea nueva?
2. ¿Qué viene allá? ¿Un autobús?
3. ¿Qué se vende aquí? ¿Tabaco?
4. ¿Qué están diciendo? ¿Que Paco es un idiota?
5. ¿Qué deben hacer? ¿Probar el coche otra vez?
6. ¿Qué dijo tu hermano? ¿Que vengamos a las ocho?
7. ¿Qué te gusta más? ¿Ir a la playa?
8. ¿Qué prefieren ustedes? ¿Comer ahora?

Practice 12

Fill in the blank, being careful to distinguish interrogative **¿qué?** from non-interrogative **lo que.**

1. What are you doing?
   ¿_____ estás haciendo?

2. What you are doing is ridiculous.
   _____ estás haciendo es ridículo.

3. What I want is a happy life.
   _____ quiero es una vida feliz.

4. What makes you say that?
   ¿_____ te hace decir eso?

5. He asked me "What do you want?"
   Me preguntó "¿_____ quieres?"

X. Adverbial Relatives

Besides the relative pronouns studied in previous sections, there are other relative words which function in a similar manner. **Donde** is perhaps the most common of these. It is equivalent to the English *where* or *in which*, as "in the house where I live..." or "the house in which I live...".

Practice 13

Follow the model.

> MODEL: La casa *en que* vivo tiene cuatro pisos.
> La casa donde vivo tiene cuatro pisos.

1. ¿Preguntas por el lugar *en el que* pasé mis vacaciones?

2. Fue en el pueblo *del cual* te envié la tarjeta postal.

3. Éste era un pueblo *en el que* no pasaba nada.

4. Había un hotel *al que* nadie llegaba.

5. Y un parque *en el que* se paseaba la gente por la tarde.

6. Y un teatro *en el que* sólo presentaban películas mexicanas.

7. Pero tenían un museo *en el que* había un dinosaurio.

8. Cerca quedaba un bosque espeso *en el cual* mi amigo y yo nos perdimos.

9. Más allá del bosque había una pradera *en la que* vimos varios venados.

10. Luego nos dimos cuenta de que la caverna *en que* pasamos la noche estaba sólo a ochenta metros del camino.

11. Regresamos al pueblo, *en el que* nadie había notado nuestra ausencia.

12. Como dije antes, es un pueblo *en el que* nunca pasa nada.

13. La próxima vez iré a un lugar *en el que* al menos se den cuenta de que existo.

XI. *Quien* and *el que* Equivalent to *la persona que (anybody who)*

Quien and *el que* (but not el cual) are used in sentences containing no specific antecedent.

Quien no ha visto a Sevilla no ha visto maravilla.

Anybody who hasn't seen Seville hasn't seen a marvellous thing.

El que no ha visto a Granada no ha visto nada.

Anybody who hasn't seen Granada hasn't seen anything.

Practice 14

Follow the model.

MODEL: *La persona que* no vota no tiene responsabilidad civil.
El que no vota no tiene responsabilidad civil.
Quien no vota no tiene responsabilidad civil.

1. *La persona que* se acueste último debe apagar la luz.

2. *A la persona que* madruga, Dios le ayuda. (Ignore the asterisk for now.)

3. *Las personas que* llegaron tarde perdieron sus reservaciones.

4. *El hombre que no* oye consejo, no llega a viejo.

5. *Cualquiera que* tenga hambre, que venga a comer.

6. *La gente que* tira papeles en la calle merece una multa.

7. Y dijo Jesús: *"Cualquiera qu*e mire a una mujer para codiciarla, ya adulteró con ella en su corazón..." (San Mateo V, 28.)

8. *Al hombre que* tenga hambre, dadle de comer, y al hombre que tenga sed, dadle de beber.

9. **La persona que* canta sus males espanta.

10. *La persona que mal anda, mal acaba.

11. Y dijo Jesús: Y *cualquiera que* tenga oídos para oír, que oiga.

12. **La persona que* a cuchillo vive, a cuchillo muere.

13. *La persona que* interrumpe una conversación es descortés.

14. **La persona que* calla, otorga.

15. *Cualquiera que* llegue a mi puerta, siempre será bien recibido.

Practice 15

The Spanish language is unusually rich in proverbs. In the previous exercise there are a number of them which occur. They are marked with an asterisk. Here we give a paraphrase of the meaning of those proverbs. See if you can pick out from Practice 14 the proverb that expresses the idea given. The answers are listed in the Answer Key.

1. Si alguien no expresa una opinión negativa sobre algo, su silencio se interpreta como asentimiento.

2. Aquellas personas que viven fuera de la ley generalmente no terminan sus días en forma muy feliz.

3. Quien no presta atención a otros que tienen más experiencia es tonto, y su vida no será muy larga.

4. Quien se levanta temprano y es diligente recibe la ayuda de Dios.

5. Aquellas personas que viven en forma violenta generalmente mueren de la misma manera.

6. La música y las canciones son medios buenos para combatir la tristeza.

UNIT 21

The Position of
Descriptive Adjectives

A buen hambre no hay pan duro.

I. General Principles

Esa *pobre señora* no es una *persona pobre* pero sí es infeliz.

Descriptive adjectives are often placed after the noun they modify, but they may also precede it. It sometimes happens that either position is possible, with little difference in meaning. The following generalizations are offered as guides for the variation in position.

The fundamental principle involved is based on the amount of descriptive information which the adjective provides. The more informative and essential the adjective is to the meaning of the phrase, the more likely it is to follow. The more quantitative or affective the meaning (i.e., the less descriptive), the more likely it is that the adjective will precede. Adjectives that only remind us of obvious or well-known qualities also precede; they are decorative, not informative.

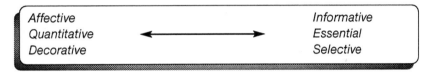

Affective		Informative
Quantitative	$\longleftarrow \longrightarrow$	Essential
Decorative		Selective

Compare:

Raras veces comemos pescado.

   (Quantitative meaning, like **pocas**)

Ese amigo tuyo es un *chico raro.*

   (Selective, descriptive, essential to the meaning)

Ese *maldito perro* ensució el piso otra vez.

   (Affective, expressing speaker's emotion)

Los **altos picos** de los Andes son de origen reciente.

   (Decorative. We all know they are high. Adjective could be omitted.)

Tengo un **buen diccionario** pero me falta un atlas.

   (As much affective as descriptive)

Han sobrevivido por *razones históricas y geográficas.*

   (Essential, informative. Without them the sentence is meaningless.)

El anciano le dio unos *suaves golpecitos* (unos *golpecitos suaves)* en el hombro.

(There is no perceptible difference. The adjective gives some information but not much because **golpecitos** could scarcely be hard. The adjective is midway on the scale.)

Los *trágicos* acontecimientos de la época de Hitler serán un cargo de conciencia para toda la raza humana.

(Everyone knows they were tragic. The adjective is decorative, not informative.)

Certain types of adjectives almost invariably have the essential, selective function and are found after the noun. Typical of this kind are those expressing nationality (**una profesora mexicana**), religion (**la iglesia católica**), color (**un vestido negro**), shape (**la mesa redonda**), branches of learning (**un concepto sociológico**), and other technical terms (**un problema mecánico, una variación topográfica**). It would be difficult to conceive of a sentence referring to **un sociológico concepto** or un **mecánico problema**.

Other adjectives typically serve affectively to praise or criticize the noun they modify, in other words, to express subjective judgements. Consequently, words such as **bueno, malo, mejor, peor, grande, maldito, condenado, mero** are often found before the noun. In the case of **bueno, malo, mejor,** and **peor**, they follow only when heavily stressed. **Maldito** and **condenado** follow when their meaning is literally *accursed, condemned.* **Grande** occurs either before or after the noun in the meaning *large.* When used affectively (i.e., *great*), it precedes.

II. Adjectives Whose Meanings Shift Because of Position

The factors examined above, plus others, have brought about differences in meaning with certain adjectives depending upon their position. In several of these cases, the adjective is truly descriptive when it follows the noun but has a numerical, figurative, or an affective sense when it precedes.

pobre   *to be pitied*
Los pobres soldados tenían que marchar todo el día.

pobre   *penniless*
Los ciudadanos pobres recibían medicinas gratis.

raro   *infrequent*
Con raras excepciones, los tiburones no atacan en estas aguas.

raro   *odd, strange*
Ese señor tiene unas ideas raras.

único   *only*
Ese gato es el único amigo que tienen.

único   *unique*
Leonardo da Vinci tuvo un talento único.

cierto   *certain (i.e., some)*
Ciertas personas no hacen más que quejarse.

cierto   *sure, true*
Dicen que las únicas cosas ciertas en el mundo son la muerte y los impuestos.

mismo   *same; very, -self*
El mismo diablo no pudo aprender la lengua vasca, tan difícil es. Ése es el mismo diablo que sale en la primera escena.

mismo   *very, -self*
El presidente mismo nos abrió la puerta.

medio   *half*
media hora
Sólo quiero media porción.

medio   *average*
La temperatura media es de 15°C.

propio   *own*
Éste es mi propio coche; el otro es de mis padres.

propio   *of ones' own; characteristic*
Los casados necesitan casa propia.
Ésta es una construcción propia de muchos climas cálidos.

Practice 1

Repeat the sentences, inserting the adjective either before or after the indicated nouns. If they are essential and informative, place them after the noun. If they are merely decorative or affective, place them before.

1. Me dicen que Carlos se ha casado con una *jovencita.* (española)
2. Un *muchacho* seguía interrumpiéndome. (maleducado)
3. Esa no es una *idea.* (mala)
4. Pediremos la ayuda de un *servicio.* (técnico)
5. Lo que sugieres me parece una *solución.* (fantástica)
6. La India ya tiene un *número* de habitantes. (astronómico)
7. Un *coche* así debe costar muchísimo. (estupendo)
8. Los *beisbolistas* juegan cada vez mejor. (latinoamericanos)
9. ¡No puedo encontrar la *llave!* (maestra)
10. Mi *abuela* me regaló esto. (vieja)
11. En esta *época* la moralidad está cambiando rápidamente. (moderna)
12. La Secretaría de *Obras* ha hecho el cambio. (Públicas)
13. El hermano de Carlos es un *pintor.* (famoso)
14. Tu hermanito no tiene esa *costumbre* de fumar. (mala)
15. Lo que quiero es un *café.* (caliente)
16. Éste ha sido el *día* de mi vida. (peor)

Practice 2

Continue as in Practice 1.

1. Me he comprado unos *zapatos.* (blancos)
2. La esposa de mi jefe es una *mujer.* (delicada)
3. Los filólogos trabajan más con la *lengua.* (escrita)
4. ¡Mil gracias! ¡Tú eres un *amigo.* (grande)
5. Hay que entrar por la *puerta.* (principal)
6. La *Sierra Nevada* fue un obstáculo para los pioneros. (alta)
7. Ese *hombre* que ves allí es un criminal. (alto)
8. Paquito es mi *hijo.* (mayor)
9. Me gustan más los *relojes.* (pequeños)

10. Nuestro *senador* propone soluciones a todos los problemas. (ilustre)

11. Un *hombre* debe hacer ejercicio moderado. (viejo)

12. Mi *esposa* está bailando con otro hombre. (querida)

13. Los niños se reían de *gusto.* (puro)

14. El *río* impedía unos viajes y facilitaba otros. (ancho)

15. No se portan así los *niños.* (buenos)

16. El torero recibió aplausos por su *manejo* del capote. (hábil)

Practice 3

Continue as before.

1. Las *ruinas* de los incas atraen a muchos turistas. (antiguas)

2. Aquél fue el *invierno* que pasé con mis *amigos.* (único, peruanos)

3. La *cabaña* de mis amigos se encontraba en la *parte* del valle. (rústica, alta)

4. Los *picos* de los Andes me hacían sentir muy pequeño. (enormes)

5. A lo lejos se oían *voces* que cantaban *villancicos* de Navidad. (infantiles, alegres)

6. Ya era muy tarde y las pocas luces de la *aldea* se apagaban una tras otra. (pequeña)

7. Amaneció un día domingo claro y sereno. El *aire* de aquella mañana llenaba mis pulmones con la alegría de la vida. (fresco)

Practice 4

Place the adjective appropriately.

1. Me aconsejaron que tratara de encontrar las virtudes hasta de mis _____ enemigos _____. (peor)

2. Mi _____ madre _____ me sacó del apuro. (buena)

3. El amigo de José me pareció un _____ chico _____. (raro)

4. Esa _____ chica _____ a pesar de su mucho dinero no tenía suerte en el amor. (pobre)

5. En ese _____ accidente _____ murieron doce personas. (desafortunado)

6. No hay nada cierto en lo que dicen. Son _____ rumores _____. (meros)

7. La _____ parte _____ de la fiesta fue cuando nos quedamos sin luz. (buena)

8. Churchill fue uno de los _____ estadistas _____ de este siglo. (grandes)

9. La única _____ tía _____ de Ramón hizo su dinero en la Bolsa. (rica)

10. ¡Eres un _____ niño _____! ¿Por qué maltratas así al perrito? (malo)

11. Ya quedan muy pocos ríos con _____ agua _____. (pura)

12. No quiero volver a saber nada de Ambrosio. Es un _____ amigo _____. (falso)

13. Han ocurrido tantas desgracias ahí. Por eso la llaman "la _____ casa _____". (maldita)

14. Mira, lo que estás diciendo son _____ tonterías _____. (puras)

15. ¿No crees que los Rockefeller tengan _____ parientes _____ ? (pobres)

16. Creo que los _____ vinos _____ de California son superiores a los _____ vinos _____ de España. (buenos)

17. Mi _____ suerte _____ parece que no me deja nunca. (mala)

18. ¡Estoy harto de estas _____ frases _____. (ridículas)

Practice 5

Place the two elements given so as to complete the sentence in a meaningful way.

1. El nuevo profesor usaba botas de estilo tejano y traía un sombrero de _____. (alas, anchas)

2. La ciudad tiene dos partes, una moderna y una antigua, pintoresca. Las casas de la _____ son incómodas tal vez, pero tienen mucho más carácter, más arte. (antigua, sección)

3. Uno de nuestros _____ debe ser la _____. (bienes, espirituales/paz, interior)

4. Con gran confianza en su _____ el ladrón salió por la _____. (disfraz, magnífico/puerta, principal)

5. La _____ entre los indios ha sido muy práctica. (labor, educativa)

6. El valor de esa obra depende más del sentido personal de
   _____ que de _____. (apreciación, estética/cuestiones,
   morales)

7. Los _____ no sirven en los _____. (altos, árboles\jardines,
   pequeños)

8. Mi hijo trabaja ahora en una _____. (grande, compañía)

9. El compadrazgo es una costumbre de todos los países donde pre-
   domina la _____. (católica, religión)

10. Las _____ de Siberia se van poblando a pesar del ambiente
    poco hospitalario. (frías, estepas)

11. La _____ es más importante que los parques y las fuentes de
    la capital. (agraria, reforma)

Practice 6

Complete the Spanish sentence. Follow the model.

MODEL: The poor soldiers had to march all day long. (soldados,
pobres)

Los _____ tenían que marchar todo el día.
Los pobres soldados tenían que marchar todo el día.

1. That eclipse was a strange phenomenon. (raro, fenómeno)

   Ese eclipse fue un _____.

2. She wears the same kind of perfume Lisa does. (clase, misma)

   Ella usa la _____ de perfume que Lisa.

3. The poor people of the town live on the banks of the river. (pobre,
   gente)

   La _____ del pueblo vive en las orillas del río.

4. My poor dog lost his tail. (pobre, perro)

   Mi _____ perdió la cola.

5. The professor himself wrote this exam. (profesor, mismo)

   El _____ escribió este examen.

6. A large part of the house was destroyed. (parte, buena)

   Una _____ de la casa fue destruida.

7. The two old soldiers walked slowly through the park. (soldados, viejos)

   Los dos _____ caminaban despacio por el parque.

8. There's a certain mystery about his origin. (cierto, misterio)

   Hay _____ sobre su origen.

9. The only person who saw the accident was my brother. (única, persona)

   La _____ que vio el accidente fue mi hermano.

10. There were several students who spent the summer in Spain. (estudiantes, varios)

    Hubo _____ que pasaron el verano en España.

11. He's such a clown. Even his own sister says so. (propia, hermana)

    Es un payaso. Aun su _____ lo dice.

12. Look at this orchid. It's a unique specimen found only in Colombia. (único, ejemplar)

    Mira esta orquídea. Es un _____ que se encuentra sólo en Colombia.

13. That is not a legend. It's a true fact which took place twelve years ago. (cierto, hecho)

    Eso no es una leyenda. Es un _____ que ocurrió hace doce años.

14. That is an attitude characteristic of the people of the mountains. (propia, actitud)

    Esa es una _____ de la gente de las montañas.

15. The average salary of construction workers is considerable. (salario, medio)

    El _____ de los obreros de construcción es considerable.

16. My grandmother has an old medallion which I would like to have some day. (medallón, antiguo)

    Mi abuela tiene un _____ que me gustaría tener algún día.

III. Placement of More Than One Adjective

1. a. Viven en una casa **verde.**
   b. Viven en una casa **grande.**
   c. Viven en una **gran** casa **verde.**
   d. Viven en una casa **de ladrillos.**
   e. Viven en una **gran** casa de **ladrillos.**

2. a. Llevaba botas **altas** y pantalones de estilo tejano.
   b. Llevaba **altas** botas **militares** y pantalones de estilo tejano.

3. a. El viejo nos miraba fijamente con sus ojos **vidriosos** mientras sus labios repetían en silencio el mismo nombre.
   b. El viejo nos miraba fijamente con sus **vidriosos** ojos **azules.**
   c. El viejo nos miraba fijamente con sus ojos **azules vidriosos.**

4. Hombres y mujeres, todos necesitamos hacer ejercicio **físico moderado.**

5. Estudiamos la literatura **inglesa contemporánea.**

6. ¿Es muy diferente de la literatura **contemporánea americana?**

7. Su padre era un hombre **alto, robusto, bien plantado** que imponía respeto y admiración.

To some extent, the principles that govern the placement of a single adjective apply to more than one. However, there is a conflicting tendency to balance the phrase by placing one adjective before and one after. An adjectival phrase (i.e., a prepositional phrase such as **de ladrillos, de campo**) counts as a modifier in this matter.

The adjective that is less essential, more capable of preceding the noun, will then go before, as in examples 1c, 1e, 2b, and 3b.

However, if two or more adjectives are equally essential and selective, all will follow. In this case, there are two possibilities: either the noun plus one adjective forms a psychological unit, and the other adjectives describe that unit, or all of the adjectives modify the noun independently. In example 5, **literatura inglesa** is a unit which can be modified by such adjectives as **contemporánea, moderna, antigua, renacentista**, etc. In sentence 6, however, the unit is **literatura contemporánea**, which may be **americana, inglesa, española, narrativa**, and so on.

In example 7, all of the adjectives modify the noun equally. They are separated by commas or by **y** in writing and by a different intonation in speech. We are not saying that this is a "robust tall man," that is, a tall man who is robust. We are saying that this is a man who is tall, robust, good-looking, and commands respect and admiration.

Practice 7

The adjectives given in parentheses should modify the italicized noun. Place them appropriately.

1. (japonesa, hermosa) La *actriz* se presentó por primera vez en Radio City.

2. (delicada, diplomática) Era una *misión* de gran importancia para el país.

3. (joven, ciego) Conocí a un *escritor* en la tertulia.

4. (pequeño, tipográfico) No encontré en el libro más que un *error.*

5. (bueno, barato) Buscamos un *restaurante.*

6. (grandes, tecnológicos) Los *avances* de hoy han mejorado mucho la vida.

7. (mejores, disponibles) Vamos a utilizar los *procedimientos.*

8. (nuevo, negro) Mi *abrigo* ya está en la lavandería.

9. (terrible, fatal) Durante la víspera de Año Nuevo tuvimos un *accidente.*

10. (ricos, persas) Mis *parientes* me regalarán un elefante.

11. (larga, difícil) Esta es una *lección.*

12. (altos, gruesos) Los *troncos de los árboles* del Parque Sequoia son como columnas de un templo al dios de la naturaleza.

UNIT 22

Problems in English-Spanish Word Association

Como se viene se va.

Although students are encouraged to think entirely in Spanish, it often happens that English words and structures induce them to make errors. For example, when one word is associated with two or more Spanish words of differing meanings, students usually find it necessary to study and practice these special problem words in order to avoid misusing them. This unit presents some of the most common items of this type. (Note that there is no attempt to treat all of the Spanish equivalents of the words in this unit. Only the problem equivalents are considered.)

Study the generalizations in each section before doing the exercises.

I. Verb Equivalents

ask: **pedir**—*to ask for something, to request* (Note that **por** is not used.)

> Voy a pedirle una cita.

> Voy a pedirle que me ayude.

preguntar—*to ask for information*

> Me preguntó qué hora era.

preguntar por—*to ask about somebody, inquire*

> El profesor preguntó por ti y le dije que estabas en el hospital.

hacer una pregunta—*to ask a question* (**Preguntar una pregunta** is not used.)

> ¡No hagas tantas preguntas!

play: **jugar (a)**—*to play a game*

> Ayer jugué al golf.

tocar—*to play a musical instrument*

> Su mamá toca muy bien el piano.

know: **conocer**—*to be acquainted or familiar with a person, a place, or a thing*

> ¿Conoce usted a mi novia?

> ¿Conoce usted Madrid?

¿Conoces esa marca de automóvil?

saber—*to know a fact*

¿Sabe usted mi nombre?

¿Sabía usted que mañana es mi cumpleaños?

leave: **dejar**—*to leave something or someone some place*

Dejé el paraguas en casa.

Dejé a las chicas en el cine.

salir (de)—*to leave, to go or come out (e.g., of some enclosure)*

¿A que hora saldrás del examen?

irse, marcharse—*to leave, to go away*

Pito no está aquí. Se fue (o se marchó) hace media hora.

realize: **darse cuenta (de)**—*to be (or become) aware of*

No me di cuenta de que estabas aquí.

realizar—*to make real, to bring into existence, to carry out*

Al ser elegido, el nuevo senador realizó los sueños de su juventud.

La ceremonia se realizó de acuerdo con el programa preparado.

Practice 1

Pick the word which correctly matches the meaning given.

1. What time are we going to play tennis?

    ¿A qué hora vamos a _____ (tocar/jugar) al tenis?

2. Do you know what time it is?

    ¿_____ (sabe/conoce) usted qué hora es?

3. I didn't realize it was so late.

    No _____ (realicé/me daba cuenta de) que era tan tarde.

4. Your fiancée left an hour ago.

    Su novia _____ (dejó/se fue) hace una hora.

5. I don't know your friend's name.

    No _____ (sé/conozco) el nombre de su amigo.

6. I don't know your friend.

   No _____ (sé/conozco) a su amigo.

7. I'm sorry, but the plane will not leave until tomorrow.

   Lo siento, pero el avión no va a _____ (dejar/salir) hasta mañana.

8. Your cousin asked me for money.

   Tu primo me _____ (pidió/preguntó) dinero.

9. The professor has left his books here.

   El profesor ha _____ (salido/dejado) sus libros aquí.

10. You didn't realize that I had left?

    ¿Usted no _____ (se daba cuenta de/realizaba) que yo me había ido?

11. They were asking about you yesterday.

    Ayer _____ (preguntaban/pedían) por ti.

12. Do you know when we will finish?

    ¿_____ (conoce/sabe) usted cuándo terminaremos?

13. He left the building several hours ago.

    _____ (dejó/salió de) el edificio hace varias horas.

14. I'd like to ask a question.

    Yo quisiera _____ (preguntar/hacer) una pregunta.

15. When do you leave for México?

    ¿Cuándo _____ (deja/se va) usted para México?

16. I asked him if he was going.

    Le _____ (pedí/pregunté) si se iba.

17. I don't know your telephone number.

    No _____ (conozco/sé) su número de teléfono.

18. How much are you asking for this painting?

    ¿Cuánto _____ (pide/pregunta) usted por este cuadro?

19. I realized a profit of 10 percent on this property.

    _____ (Realicé/me di cuenta de) una ganancia de un 10 por ciento en esta propiedad.

20. Do you know Spain very well?

    ¿_____ (conoce/sabe) usted España muy bien?

21. He doesn't realize the time.

    No _____ se da cuenta (realiza/se da cuenta de) la hora.

Practice 2

Test your mastery of the problem words you have been practicing by providing the correct form of the proper verb (including the correct prepositions).

1. Do you know where my racket is?

   ¿_____ usted donde está mi raqueta?

2. Frank left the house at 11:00.

   Francisco _____ la casa a las 11:00.

3. Did you remember to ask about my parents?

   ¿Se acordó usted de _____ mis padres?

4. Unfortunately, the train had already left.

   Desgraciadamente, el tren ya había _____.

5. Do you know how to play checkers?

   ¿Sabes _____ las damas?

6. May I ask a question?

   ¿Puedo _____?

7. May I ask a favor?

   ¿Puedo _____?

8. I left my heart in San Francisco.

   _____ mi corazón en San Francisco.

9. I know that type of person.

   _____ ese tipo de persona.

10. I realized that this was the last chance.

    _____ ésta era la última oportunidad.

11. My son asked me for a new bicycle.

    Mi hijo me _____ una bicicleta nueva.

12. I'm sorry but she left ten minutes ago.

    Lo siento pero _____ hace diez minutos.

13. Do you know this neighborhood very well?

    ¿_____ usted muy bien este barrio?

14. I'm sorry but I didn't realize what I was doing.

    Lo siento pero _____ lo que hacía.

15. Will you play a song for us?

    ¿Quieres _____ nos una canción?

16. He asked me if what I said was true.

    Me _____ si lo que dije era verdad.

17. Do you know Paco Gómez?

    ¿_____ usted a Paco Gómez?

18. Do you know who José Martí was?

    ¿_____ tú quién fue José Martí?

19. What did you ask for in your letter?

    ¿Qué _____ usted en su carta?

20. What time are you going to leave?

    ¿A qué hora vas a _____?

21. Your roommate called to ask about you.

    Tu compañero de cuarto llamó para _____ ti.

22. I don't dare ask that question.

    No me atrevo a _____ esa pregunta.

23. Yesterday the professor left the classroom in a bad mood.

    Ayer el profesor _____ la sala de clase de mal humor.

24. Who did you play bridge with?

    ¿Con quién _____ usted al bridge?

25. I'm going to ask for a raise.

    Voy a _____ un aumento de salario.

26. Where did she leave the broom?

    ¿Dónde _____ la escoba?

27. Who asked you that?

    ¿Quién te _____ eso?

28. Who is playing that drum?

    ¿Quién está _____ ese tambor?

II. Become (Get)

entristecerse	*to become sad*
enriquecerse	*to get rich*
empobrecerse	*to become poor*
envejecerse	*to get old*
alegrarse	*to become happy (also to be happy:* **Me alegro de saberlo.***)*
enojarse	*to get angry*
enfurecerse	*to become furious*
enloquecerse	*to become insane (go mad)*
calmarse	*to become calm, calm down*
tranquilizarse	*to become calm, calm down*
callarse	*to become quiet, keep silent*
cansarse	*to get tired*
enfermarse	*to get sick (also, in Spain,* **enfermar***)*
mejorarse	*to get better, improve*

ponerse (+ **frío, enojado, triste,** and other adjectives expressing involuntary and passing psychological and physical states): *to become or get (cold, angry, sad, etc.)*

Al oír la noticia, mi papá se puso muy triste.

hacerse (+ **abogado, médico,** and other nouns expressing professions): *to become (a lawyer, a doctor, etc.)*

Me dijo que estaba pensando hacerse abogado.

llegar a ser (+ nouns or adjectives expressing generally an important personal status): *to become, get to be (e.g., after considerable effort)*

Después de años de competencia, mi tío llegó a ser campeón de tenis.

convertirse (en): *to become, turn into (i.e., change in physical properties)*

El agua se convierte en hielo a los 0° C.

meet: **conocer**—*to make someone's acquaintance*

Nunca he conocido a tu prima.

encontrar—*to come across (bump into) someone*

Ayer encontré a tu hermana en la calle.

reunirse—*to get together by prearrangement*

El comité se reúne todos los días.

aprender—*to acquire knowledge by study or intent*

No he aprendido todas estas palabras todavía.

enterarse (de)—*to find out about something accidentally*

Ayer me enteré de que tú te marchabas hoy.

saber (especially in the preterit)—*same as* **enterarse**

Supe que estuviste enferma ayer.

Practice 3

Give a brief sentence using the "become" word associated with each of the adjectives.

MODEL: rico: Los beisbolistas van a enriquecerse.

1. pobre	8. enfermo
2. rico	9. mejor
3. viejo	10. cansado
4. callado	11. furioso
5. alegre	12. loco
6. enojado	13. tranquilo

7. triste   14. calmado

Practice 4

Practice with verbs expressing English *become*. Give a short answer to the question, following the pattern.

> MODEL: ¿Su mamá se puso triste?
>   Sí, se entristeció.

1. ¿Su hermanita se puso alegre?

2. ¿Su tío se hizo rico?

3. ¿También se hizo viejo?

4. ¿El profesor se puso enojado?

5. ¿La esposa de Macbeth se volvió loca?

6. ¿Su hija se puso enferma?

7. ¿Y después se puso mejor?

8. El padre se quedó pobre, ¿no?

9. ¿El profesor se puso furioso contigo?

10. ¿Llegó a estar callado por fin?

11. ¿Y también estaba cansado al final?

12. ¿El paciente estaba tranquilo por fin?

13. Pero, llegó a estar mejor, ¿no?

14. ¿La familia se puso alegre?

Practice 5

Choose the proper form of **ponerse, hacerse, llegar a ser,** or **convertirse en** to match the meaning of English *become* or *get*.

1. She turned pale when she heard the news.

   _____ pálida al oír la noticia.

2. Your garden is becoming a paradise!

   ¡Tu jardín _____ un paraíso!

3. My daughter wants to become a doctor.

   Mi hija quiere _____ doctora.

4. After many years, the colonel became a general.

Después de muchos años el coronel _____ general.

5. She became green with envy.

   _____ verde de envidia.

6. The prince will never become king.

   El infante nunca _____ rey.

7. This road becomes a swamp when it rains.

   Este camino _____ pantano cuando llueve.

8. One solution is to become a monk.

   Una solución es _____ monje.

9. Upon hearing the news she became very happy.

   Al oír la noticia _____ muy contenta.

10. One day he finally became president of the club.

    Un día por fin _____ presidente del club.

11. At midnight, Cinderella's horses became rats again.

    A medianoche, los caballos de la Cenicienta _____ de nuevo en ratas.

12. They say that your old boyfriend got really rich.

    Dicen que tu viejo novio _____ muy rico.

13. I wonder if she will become sad when she reads this.

    Me pregunto si _____ triste al leer esto.

14. Unfortunately, kittens become cats.

    Desgraciadamente, los gatitos _____ gatos.

15. Your brother has become a real gentleman.

    Tu hermano _____ un cumplido caballero.

16. Have you ever noticed how little boys become angels when there is some candy to be gotten?

    ¿Se ha fijado en cómo los niños _____ angelitos cuando hay algún dulce que conseguir?

17. How would you like to become a movie actor?

    ¿Qué tal te gustaría _____ artista de cine?

18. Not all graduate students eventually become professors.

No todos los estudiantes graduados con el tiempo _____ profesores.

Practice 6

Select the correct word to match the proper equivalents of English *learn, meet,* and *become (or get).*

1. I met your sister for the first time yesterday.

    _____ a tu hermana por primera vez ayer. (Conocí/Encontré)

2. I met your sister in the park again yesterday.

    _____ a tu hermana en el parque otra vez ayer. (Conocí/Encontré)

3. The Dean became furious when he heard their demands.

    El decano _____ furioso cuando oyó sus peticiones. (se puso/se hizo)

4. He learned about the demonstration by chance.

    _____ de la manifestación por casualidad. (Aprendió/Se enteró)

5. The faculty committee will meet this afternoon.

    El comité del profesorado _____ esta tarde. (se reunirá/encontrará)

6. You will learn a lot about human nature in this confrontation.

    _____ mucho sobre la naturaleza humana en esta confrontación. (Aprenderás/Te enterarás de)

7. You say you met (i.e., came across) the leader of the group in the café this morning?

    ¿Dices que _____ al jefe del grupo en el café esta mañana? (encontraste/conociste)

8. When did you learn about their intention?

    ¿Cuándo _____ su propósito? (supiste/aprendiste)

9. No matter how hard you try, you will never become the boss.

    Por mucho que te esfuerces nunca _____ jefe. (llegarás a ser/te convertirás en)

10. When am I going to meet your new boyfriend?

    ¿Cuándo voy a _____ a tu nuevo novio? (conocer/encontrar)

11. When will we learn the results of the game?

    ¿Cuándo vamos a _____ el resultado del partido?
    (saber/conocer)

12. If we aren't careful, that boy will become a thief.

    Si no tenemos cuidado, ese joven va a _____ ladrón.
    (hacerse/ponerse)

13. When should we meet again?

    ¿Cuándo hay que _____ de nuevo? (conocernos/reunirnos)

14. I'm glad they haven't learned about this situation yet.

    Me alegro de que todavía no _____ de esta situación.
    (se hayan enterado/hayan aprendido)

15. I haven't yet had the pleasure of meeting her.

    Todavía no he tenido el gusto de _____.
    (encontrarla/conocerla)

16. Have you really learned the whole lesson?

    ¿De veras has _____ toda la lección? (aprendido/sabido)

17. I'm afraid she'll get sick.

    Temo que se _____ enferma. (ponga/haga)

18. I'd like to meet with you again on Monday.

    Quisiera _____ contigo de nuevo el lunes.
    (reunirme/encontrarme)

19. By the way, I met your brother in the street again this morning.

    A propósito, _____ a tu hermano otra vez en la calle esta
    mañana. (conocí/encontré)

20. Water becomes ice at 0° Centigrade

    El agua _____ hielo a los 0° grados Centígrados.
    (se convierte en/se hace)

21. My sister wants to become a nun.

    Mi hermana quiere _____ monja. (hacerse/ponerse)

22. I finally learned the truth of the matter.

    Por fin _____ la verdad del caso. (supe/aprendí)

23. Will you never learn to behave yourself?

    ¿Nunca _____ portarte bien? (aprenderás a/te enterarás de)

24. Do you think our governor will ever become president?

    ¿Crees que nuestro gobernador algún día _____ presidente? (se pondrá/llegará a ser)

25. I didn't think she would learn about our plans.

    No creía que _____ nuestros planes. (supiera/aprendiera)

26. You should have seen how he became pale when he heard the truth.

    Hubieras visto cómo _____ pálido cuando oyó la verdad. (se hizo/se puso)

III. What

¿**Qué es...?** = *What is...?* (asking for a definition)

   ¿Qué es la vida?

¿**Cuál es...?** = *What is...?* (asking for an identification or specification)

   ¿Cuál es tu número de teléfono?

   ¿Cuál es la diferencia?

¿**Qué...?** = *What?* (asking to identify something through a question which has a noun expressed or implied)

   ¿Qué película viste anoche? (What movie...)

   ¿Qué ciudades visitaste en Europa?

   ¿Qué [cosa] vamos a cenar esta noche?

   ¿Qué [vestido] te pondrás para la fiesta?

¿**Cómo?** = *What? What did you say?* (asking for a repetition)

   ¿Cómo? o ¿Cómo dice usted?

lo que = *what* (not used in questions)

   Lo que usted quiere es imposible.

Practice 7

Select the correct completion to match the meaning of English *what*.

1. What is your name?

   ¿_____ es tu nombre?
   (Cuál/Qué)

2. What is your answer?

   ¿_____ es tu respuesta?
   (Cuál/Qué)

3. What you say is not true.

   _____ usted dice no es verdad.
   (Qué/Lo que)

4. What is that thing on the table?

   ¿_____ es esa cosa en la mesa?
   (Cuál/Qué)

5. What? Please repeat!

   ¿_____? ¡Repita, por favor!
   (Cómo/Cuál)

6. I can't give you what you asked for.

   No puedo darte _____ pediste.
   (qué/lo que)

7. What is the difference between this one and that other one?

   ¿_____ es la diferencia entre éste y aquél otro?
   (Cuál/Qué)

8. What is your address?

   ¿_____ es tu dirección?
   (Cuál/Qué)

9. What is a picaresque novel? Do you know?

   ¿_____ es una novela picaresca? ¿Sabe usted?
   (Cuál/Qué)

10. What? What did you say?
    ¿_____? ¿Qué dijo usted?
    (Cómo/Qué)

11. What we need is more pay and less work.

    _____ nos hace falta es más dinero y menos trabajo.
    (Que/Lo que)

12. What is it that you want?

¿_____ es lo que usted quiere?
(Cuál/Qué)

13. I prefer what I ate yesterday.

Prefiero _____ comí ayer.
(lo que/que)

14. What is this?

¿_____ es esto?
(Cuál/Qué)

15. What? You don't say!

¿_____? ¡No me digas!
(Cómo/Qué)

16. What is the problem here?

¿_____ es el problema aquí?
(Cuál/Qué)

17. What is your idea on this matter?

¿_____ es tu idea en esto?
(Cuál/Qué)

18. What is the definition of the word fracaso?

¿_____ es la definición de la palabra fracaso?
(Cuál/Qué)

19. What else can I do?

¿_____ más puedo hacer?
(Qué/Cuál)

20. What book are you reading now?

¿_____ libro estás leyendo ahora?
(Qué/Cuál)

21. What is the real value of this work?

¿_____ es el verdadero valor de este trabajo?
(Qué/Cuál)

22. You have the girl's telephone number. What is it?

Tú tienes el teléfono de la chica. ¿_____ es?
(qué/cuál)

IV. But

Pero and **mas** are interchangeable, both meaning *but nevertheless.* (**Mas** is used only in literary style.)

> Este restaurante es bueno, pero es muy caro.

> Me acusan, señor juez, mas soy inocente.

sino = *but on the contrary.* **Sino** is used to introduce a positive sentence in direct contrast with a negative one. The same verb that precedes is understood but not repeated after it.

> El coche no es doméstico sino importado.

> (El coche no *es* doméstico.) (El coche *es* importado.)

> No tengo sueño sino hambre.

> (No *tengo* sueño.) *(Tengo* hambre.)

> No voy a cantar sino a tocar el piano.

> (No *voy* a cantar.) *(Voy* a tocar el piano.)

sino que = *but rather, but on the contrary.* **Sino que** is used instead of **sino** when clauses containing different verb forms are contrasted.

> No es que no quiera ir al cine **sino que** no tengo dinero.

> No vendí el coche **sino que** se lo presté a Ramón.

excepto, menos = *but, except*

> Contesté todas las preguntas excepto/menos dos.

> Todos van al paseo excepto/menos Luisa.

Practice 8

Select the correct completion to match the meaning of English *but.*

1. But I don't want to know who committed the crime!

   ¡_____ no quiero saber quién cometió el crimen! (Pero/Sino)

2. I have read everything but the last chapter.

   Lo he leído todo _____ el último capítulo. (sino/pero/menos)

3. I bet the one who did it was not the butler, but the gardener.

   Apuesto a que el que lo hizo no fue el mayordomo _____ el jardinero. (pero/sino)

4. The detective talked with everyone but the chauffeur.

   El detective habló con todos _____ con el chófer.
   (pero/sino/menos)

5. The maid talked a lot, but the head housekeeper kept quiet.

   La criada habló mucho _____ el ama de casa se calló.
   (sino/pero)

6. The policemen did not seem nervous, but rather asked their questions quietly.

   Los policías no se mostraron nerviosos, _____ hicieron sus preguntas con calma. (sino que/pero)

7. The tenants wanted to help, but weren't able to offer much.

   Los inquilinos querían ayudar, _____ no podían mucho.
   (sino que/pero)

8. The chief of police wanted to arrest everyone except the dead man.

   El jefe de policía quería detener a todos _____ al muerto.
   (pero/menos)

9. He talked a lot, but said little.

   Habló mucho _____ dijo poco. (sino/sino que/pero)

10. It wasn't the chief but the youngest rookie who found the solution.

    No fue el jefe el que encontró la solución, _____ el novato más joven. (pero/sino)

11. The criminal had not tried to escape, but rather stayed hidden.

    El criminal no trató de escaparse, _____ se escondió. (sino que/pero)

12. The cause of death was not the knife wound, but a blow on the head.

    La causa de muerte no fue la herida de navaja, _____ un golpe en la cabeza. (pero/sino)

13. It appeared the other way around, but this was only an illusion.

    Parecía al revés, _____ esto fue sólo una apariencia.
    (pero/sino)

14. All of those present believed it but the doctor.

    Todos los presentes lo creían _____ el médico. (sino/menos)

15. We didn't want to know the truth but just to leave in peace.

    No queríamos saber la verdad _____ sólo irnos en paz.
    (pero/sino)

V. Because

Por and **a causa de** are used to mean *because of* something, someone, or some circumstance.

Por llegar tarde no pudimos entrar.

A causa de su pequeña estatura no lo aceptaron como guardia civil.

Porque is used when a conjugated verb follows.

Como porque tengo hambre.

Practice 9

Select the correct completion to match the meaning of English *because (of)*.

1. I did that because of you.

   Hice eso _____ ti. (por/porque)

2. I did that because I wanted to.

   Hice eso _____ quería hacerlo. (porque/a causa de)

3. He put on his overcoat because of the bad weather.

   Se puso el abrigo _____ el mal tiempo. (a causa de/porque)

4. He didn't go out because it was raining.

   No salió _____ estaba lloviendo. (porque/a causa de)

5. Because of the rain, they cancelled the game.

   _____ la lluvia, cancelaron el partido. (Por/Porque)

6. He didn't come with us because of his having to study.

   No vino con nosotros _____ tener que estudiar. (porque/a causa de)

7. He had to study because he has a test tomorrow.

   Tenía que estudiar _____ tiene un examen mañana. (porque/a causa de)

8. Because of your bad manners, he left without saying a word.

   _____ su descortesía, se fue sin decir palabra. (A causa de/Porque)

VI. At

En is the usual equivalent of *at,* when it means location in space or time.

Nos vemos en la fiesta. *See you at the party.*

En ese momento yo estaba dormido. *At that moment I was asleep.*

a veces—*at times*

lanzar, tirar a—*to throw at*

Le tiré el libro a la cabeza.

vender a un precio—*to sell at a price*

La gasolina se vende a más de cincuenta centavos el litro.

estar a la mesa—*to be at the table*

a la puerta—*at (outside) the door*

en la puerta—*at (inside) the door*

a un (el, mi) lado—*at (to) one (the, my) side*

Practice 10

Select the correct completion to match the meaning of English *at.*

1. I saw you at school yesterday.

   Te vi _____ la escuela ayer. (a/en)

2. Weren't you planning to work at the office?

   ¿No pensabas trabajar _____ la oficina? (a/en)

3. There's a policeman at the door of your house.

   Hay un policía _____ la puerta de tu casa. (a/en)

4. I threw a snowball at your car, but you didn't notice.

   Lancé una bola de nieve _____ tu coche, pero no te fijaste. (a/en)

5. I thought you would be at the restaurant.

   Pensaba que estarías _____ el restaurante. (a/en)

6. I stopped at the side of the road to look for you.

   Me detuve _____ el lado del camino para buscarte. (a/en)

7. And finally, there you were, at home, waiting for me.

   Y por fin, allí estabas _____ casa, esperándome. (a/en)

8. You were seated at the table, looking at me.

   Estabas sentado _____ la mesa, mirándome. (a/en)

9. Will you keep me waiting at the church too?

   ¿También me harás esperar _____ la iglesia? (a/en)

10. See you at the library.

    Nos vemos _____ la biblioteca. (a/en)

11. At times I don't know what to say.

    _____ veces no sé qué decir. (a/en)

12. At that time we didn't know each other.

    _____ ese tiempo no nos conocíamos. (a/en)

Practice 11

To test your knowledge of the meanings associated with English *but, because, what,* and *at,* fill in the blanks with the proper Spanish words.

1. *Because of* the lack of a star, they have not yet begun to film the movie.

   _____ falta de una estrella, todavía no han empezado a filmar la película.

2. *What* they need is a great actress.

   _____ les hace falta es una gran actriz.

3. Some actresses are never *at* home when you need them.

   Algunas actrices nunca están _____ casa cuando se las necesita.

4. Others are frequently *at* the police station.

   Otras están con frecuencia _____ la comisaría.

5. Raquel did not get the part *because* she is too beautiful.

   Raquel no consiguió el papel _____ es demasiado hermosa.

6. It wasn't that she was too tall, *but that* she was too young.

   No era que fuera demasiado alta, _____ era muy joven.

7. Did you see her *at* that nightclub recently?

   ¿La viste _____ en ese club nocturno recientemente?

8. *What?* You don't like the idea?

   ¿_____? ¿No te gusta la idea?

9. *What* is your opinion of Raquel as an actress?

   ¿_____ es su opinión de Raquel como actriz?

10. *What* is a good actress, after all?

    ¿_____ es una buena actriz, después de todo?

11. They could invite Nancy, *but* she wouldn't accept.

    Podrían invitar a Nancy _____ ella no aceptaría.

12. *Because* of her age, Elizabeth wouldn't be good.

    _____ su edad, Isabel no estaría bien.

13. *What* is the salary offered?

    ¿_____ es el sueldo que se ofrece?

14. It's not 10 million dollars *but* 10 thousand.

    No son diez millones de dólares _____ diez mil dólares.

15. They may have to accept a lesser actress *because* of the small budget.

    Es posible que tengan que aceptar a una actriz de menor categoría _____ el presupuesto reducido.

16. *What* interests me most is the publicity.

    _____ me interesa más es la propaganda.

17. I won't see the movie *because* it is certain to be bad.

    No quiero ver la película _____ seguramente será malísima.

18. It isn't the technique that bothers me, *but* the materialism.

    No es la técnica lo que me molesta, _____ el materialismo.

19. *What* is the solution to the problem?

    ¿_____ es la solución del problema?

20. Sit down here *at* the table and tell me *what* you think.

    Siéntate aquí _____ la mesa y dime _____ piensas.

VII. Give

Dar is the general word for *to give:*

> **La víctima no daba señales de vida.**—*The victim gave no signs of life.*

> **Su esposa dio un hondo suspiro.**—*His wife gave a deep sigh.*

However, in the meaning of *to give as a gift,* **regalar** is used:

> **¿Le compraste la impresora vieja?**—*Did you buy her old printer?*

> **No, me la regaló.**—*No, she gave it to me.*

Practice 12

Select the appropriate completion to match the meaning of English *to give.*

1. If I finish high school, my father's going to give me a new car.

   Si termino la secundaria, mi padre va a _____ un carro nuevo. (darme/regalarme)

2. I'll give you $200 for the old one.

   Te_____ 200 dólares por el viejo. (doy/regalo)

3. Give me the dictionary, please.

   _____ el diccionario, por favor. (Dame/Regálame)

4. Today, with each purchase over $50, they give you a free pizza.

   Hoy, con cada compra de más de 50 dólares, _____ (te dan/te regalan) una pizza.

5. Give me a cigarette.

   _____ un cigarrillo. (Dame/Regálame)

6. My godfather never gives me anything.

   Mi padrino nunca _____ nada. (me da/me regala)

7. He just gives me advice.

   Sólo _____ consejos. (me da/me regala)

VIII. Appear

Aparecer means *appear* in the sense of *to come into view, to put in an appearance*:

Apareció un barco en el horizonte.

Asomar(se) means *to appear, to show oneself* or *to show some part of the body* at an opening. It implies a brief appearance, a quick look.

La reina se asomó a la ventana.

La reina asomó la cabeza por la ventana.

Estoy muy ocupado. No pienso hacer más que asomarme a la reunión.

Comparecer means *to appear* in a legal sense:

Mañana tendrás que comparecer ante el juez.

Parecer means *appear* in the sense of *seem*:

No van a aumentar los sueldos a los maestros y parece que va a haber una huelga.

They aren't going to raise the teachers salaries and it appears there's going to be a strike. (it seems..., it looks like..., it sounds like...)

Parecer also translates English *to look like* and *to sound like*. *Look like* is not expressed with **mirar** nor *sound like* with **sonar**. Similarly, *to feel like*, i.e., in a tactile sense, is not expressed with **palpar**:

Tu idea parece maravillosa. *Your idea sounds marvelous.*

Esto parece un tipo de cerradura. *This looks like some kind of lock.*

Esta tela parece lana. *This cloth feels like wool.*

Parecerse a means *to resemble* another person or animal.

Julio se parece a su abuelo. (You really mean he looks like his grandfather.)

Ese hombre parece un caballo. (You don't really mean he looks like a horse, you mean he makes you think of a horse or he has some quality of a horse.)

Practice 13

Supply the Spanish words to express the idea given in English.

1. This plant looks like an orchid.

   Esta mata _____ una orquídea.

2. Somebody opened the door and looked in.

   Alguien abrió la puerta y _____ la cabeza.

3. When will they have to appear in court?

   ¿Cuándo tendrán que _____ ante el tribunal?

4. It looks like rain.

   _____ que va a llover.

5. We waited half an hour but the professor never showed up.

   Esperamos media hora pero el profesor nunca _____ .

6. The table is plastic but it looks like wood.

   La mesa es de plástico pero _____ madera.

7. It seems that the climate is getting warmer every year.

   _____ que el clima se hace más caluroso cada año.

8. It sounds to me as if you two are going to get a divorce.

   Me _____ que ustedes se van a divorciar.

9. Hmm. I like that music. Sounds like Santana.

   Hmm. Me gusta esa música. _____ Santana.

10. Elián looks a lot like his father.

    Elián _____ su padre.

11. This shirt feels like silk but it isn't.

    Esta camisa _____ de seda pero no lo es.

12. The baby doesn't look at all like his father. Hmmm!

    El bebé no_____ nada a su padre. ¡Hmmm!

13. I don't dare to show myself at the window. They'll shoot me.

    No me atrevo a _____ por la ventana. Me pegan un tiro.

14. She doesn't look Irish to me but she is. They say.

    Ella no me _____ irlandesa a mí pero lo es. Eso dicen.

Vocabulary

The following types of words have been omitted from this vocabulary: (1) exact or easily recognized cognates; (2) diminutives and superlatives, unless they have a meaning which could not easily be derived from the base form; (3) days of the week and months; (4) personal pronouns; (5) demonstratives, interrogatives, and possessives; (6) most other noun-determiners including articles and numerals; (7) adverbs ending in -mente when the corresponding adjective is listed; (8) most prepositions; (9) regular past participles of listed infinitives; (10) individual verb forms; and (11) other common words that the student would be expected to know.

A

abogado lawyer
abrazar to embrace, hug
abrigo overcoat
aburrido boring; bored
acabar (de) to have just (done something); to finish
aceite oil; olive oil
aconsejar to advise
acordarse (de) to remember
acorde harmony; accord, agreement
acostar to put to bed; acostarse to go to bed, lie down
acostumbrar (a) to accustom; acostumbrarse to become accustomed
actual present, current
adelanto progress, improvement
aficionado devotee, fan
afuera out, outside
agarrar to seize, grasp
agradecer to show gratitude to (someone), to thank (someone); to be thankful for (something)
agradecimiento gratitude
águila eagle
aguja needle

ahorrar to save
ajo garlic
alambre wire
alcalde mayor
aldea village
alfarería pottery shop or factory; art of pottery
alhaja jewel, gem
aliado ally
alimentación feeding; nutrition
alimento food, nourishment
almorzar to have lunch
alquilar to hire; to rent
alrededor (de) around, about
ama lady of the house
amable friendly, pleasant
ameno pleasant, agreeable
anaquel shelf
anteojos eye-glasses
antepasado ancestor
anticipación, con anticipación in advance
antipático repellant, displeasing
apagar to put out, turn off; to extinguish, quench
aparato machine, appliance, device
apellido surname

aplastar to flatten, to crush
apresurar to hasten
apuro a bad fix, a jam, a difficulty
árabe Arabian
árbitro arbiter, referee, umpire
asegurar to make secure; to assure
asentimiento approval, consent
asesino murderer, assassin
asistir (a) to be present, to attend; assist, help
asunto matter, affair
asustar to frighten
atenerse (a) to abide (by); to go (by)
a través de across
atreverse (a) to dare
atropellar to run over, to knock down
aun even
avaro greedy, miserly
averiguar to verify, find out
ayudar to help, assist

B

bañar to bathe; **bañarse** to take a bath; to go swimming
barba beard
barriga belly
barrio city district, neighborhood
basura rubbish
bautista Baptist
bebida drink, beverage
beca scholarship
belleza beauty
bendecir to bless
besar to kiss
bienes wealth, possessions, goods
bienestar well-being
billete ticket; bill
billetera wallet
bocado mouthful, small portion
boda wedding, marriage
boleto ticket (to gain admission)
bondadoso kind, generous
borracho drunk
botella bottle
buzón mailbox

C

caballos de fuerza horse power (in ref. to motors)
cabaña cabin, hut
caber to fit, to be contained
cadena chain
cajón drawer
cálido warm
callarse to be silent, keep quiet
camaleón chameleon
cambio change; **a cambio de** in exchange for
camino a on the way to
camioneta small truck; station wagon
campeón champion
campeonato championship
campesino farmer, peasant
capitán captain
capote bull-fighter's cape
cárcel jail
cargar to load; to charge; to entrust; to burden
carie cavity
cariño love, affection
carrera race; college studies
cartel poster
cartero postman
casera house (adj.); landlady
castigar to punish
cazar to hunt
cenar to eat supper
cenicienta Cinderella (**ceniza** ash)
cepillar to brush
cerdo pig
cerro hill
cerveza beer
césped lawn
charco pond, small lake
chisme gossip; gadget
chiste joke
choque crash, accident
ciego blind
cierto certain; sure; true
cita appointment; quotation
ciudadano citizen

cobarde coward
cobrar to collect; to charge
cocinero cook
codiciar to covet, desire eagerly
coger to pick; to catch, to seize
cola tail; **hacer cola** to line up, to stand in line
colgar to hang
colocar to place, put
comelón glutton
comerse to eat up
cometa (masc.) comet; (fem.) kite
comisaría police station
compadrazgo godparentship
compartir to divide
complacer to please, humour, accommodate
complaciente obliging, accommodating
componer to repair, to fix; to compose
comprometer to commit
con tal (+ de or que) provided that
conferencia conference, meeting; lecture
conferencista lecturer
confianza trust, faith
confiar to be confident; to trust
conseguir to manage to; to get, obtain
consejo advice, counsel
conservador conservative
consulado consulate
contar to tell; to count; **contar con** to count on
contraer to contract (a sickness)
contratar to engage, hire
contrato contract, pact, agreement
convenir to be suitable or appropriate for; to come to an agreement
conventillo tenement house (Chile)
convidar to invite
corcho cork
corona crown; wreath
corrida bullfight
corromper to corrupt

cortar to cut
cortina curtain
costumbrismo literary style emphasizing description of regional manners and customs
crecer to grow; to increase
cremallera zipper
crudo raw, uncooked; crude
cualquiera any, any at all, anyone
cuanto as much; **en cuanto** with regard (to); as soon as
cubrir to cover
cuenta bill, account; **tener en cuenta** to bear in mind
culpa blame; **tener la culpa** to be to blame
culpable at fault, guilty
cumpleaños birthday
cumplir to accomplish, realize, fulfill
cuna cradle
cuñada sister-in-law
cuñado brother-in-law
curar to treat; to cure
curvilínea curvy

D

(las) damas checker-game
daño damage, hurt, harm
dar de comer (a uno) to feed
darse prisa to hurry up
datos data
debutar to make one's first appearance or debut
decano dean
deificar to deify, worship
dejar (de) to stop; **dejarse de** to cut out, eliminate
delito crime
deprimente depressing
derecho right; law
desagradable disagreeable, unpleasant
desarrollo development
descansar to rest
descifrar to decipher

descomponerse to break down; to get bad (of weather)

descubrir to discover, disclose, show

desmayarse to faint

desmemoriado forgetful

desmontar to dismount; to dismantle (machines, etc.)

desorden disorder, disarray

despedirse (de) to say goodbye (to)

despertar to wake

despreciativo sneering, scornful

destacarse to stand out

detener to stop, detain; arrest

devolver to return

deuda debt

dibujo drawing; design

difunto deceased, dead

dirigir to direct, control, manage

disculpa excuse, alibi

discurso discourse; speech, lecture

disfraz disguise

disfrutar (de) to benefit by; enjoy

disgusto displeasure, quarrel

disponer to arrange, prepare; **disponer de** to have available

disponible available, at one's disposal

distraer to distract; confuse

docena dozen

doler to ache, to hurt; **me duele la cabeza** my head hurts

dolor pain

dominar to dominate, govern; to overlook

dondequiera anywhere; wherever

dudoso doubtful, uncertain

dueño owner; landlord; master

dulces candy

durar to last, endure

E

echar to throw; **echar a correr** to start to run, break into a run; **echar a perder** to spoil

elegir to elect; select

emborrachar to make drunk

emboscada ambush

emocionarse to become excited

empeñarse (en) to insist (on)

empleado employee

empleo employment, job

empobrecer to make poor

empujar to push, shove

en absoluto absolutely not

enamorarse (de) to fall in love (with)

encantar to delight, charm; **me encanta (comer)** I just love (to eat)

enfermar (se) to become sick

enfermedad sickness

enfermera/o nurse

enfurecer to enrage, make furious

engañar to deceive, mislead, fool

engordar to get fat, to make fat

enloquecer to drive crazy

enojar to make angry

enriquecer to make rich

ensuciar to make dirty, soil

entero entire, whole, complete

enterrar to inter, bury

entrada admission ticket; entry

entrar en, a to enter, go into

entregar to deliver, hand over

entrenador trainer

entristecer to make sad, sadden

envejecer to make old, to age

envenenar to poison

enviar to send, transmit, convey

envidia envy

equivocarse to be mistaken; to make a mistake

errado mistaken, erroneous

escalera stairway

escena stage (theater)

escopeta shotgun

escultura sculpture

esforzarse (por) to make an effort (to)

eso that; **a eso de (las tres)** about (three o'clock)

espejo mirror

espeso thick, dense
espinacas spinach
esquina corner
estadista statesman
estampilla stamp
estante shelf, stand; bookcase
estar de vuelta to be back
estéreo stereo
estoico stoic—a person in control of his emotions
estropear to mutilate; damage, ruin
evitar to avoid
exigir to demand, exact, require
éxito success
extender to extend, spread
extrañar to miss, feel the lack of
extranjero foreigner; **al extranjero, en el extranjero** abroad

F

faldas lower slopes of a hill
faltar to be lacking; **me falta dinero** I lack money
festejar to entertain; celebrate
fianza bail
fiebre fever
fijarse (en) to notice; pay attention to
filólogo philologist—one who makes a study of language
fin end; **a fin de** in order to
fingir to pretend
firmar to sign
flaco skinny
folleto pamphlet, booklet
fonógrafo phonograph
fracaso disaster, a total failure
freír to fry
frijol (kidney) bean
fuente source, fountain
fuerte strong
fuerza force, might, strength
fusilar to execute by shooting
fútbol soccer

G

ganancia profit
garantizar to guarantee
gastar to spend (money); to use, wear out (things)
gazpacho Spanish dish: a cold soup
genio temper
gerente manager
gira outing
golpe blow
gorra cap (headwear)
gotear leak
grabar to record (sound)
gratis free (of cost)
griego Greek
gripe influenza
gritar to shout, yell
grueso thick, fat
guapo handsome
guardar to guard; to put away
guatemalteco native of Guatemala

H

hacha axe
hada fairy
hallar to find
hamaca hammock
hambriento hungry, famished
harina flour
harto (de) fed up (with)
hasta until
hazaña exploit; heroic feat
herido wounded, hurt
herramienta tool
hervir to boil
heterodoxo heterodox, differing from accepted standards of belief (as opposed to orthodox)
historietas cómicas funny papers
hoja leaf (of a plant); a sheet of paper or metal
hormiga ant
hueco hollow; hole
huelga strike (by workers)

hueso bone
huir to flee

I

impacientar to make impatient
impedir to impede, obstruct, prevent
imperio empire
impermeable raincoat
imponer to impose or lay on (tax, fine)
impuesto tax, duty
incansable tireless
incendio fire
infante prince; infant
infierno hell
influir (en) to influence
ingeniería engineering
ingeniero engineer
ingrato ungrateful; thankless
inquilino tenant
intentar to try to
inútil useless
invento invention
isla island
israelita Israelite

J

japonés Japanese
jardín flower garden
jardinero gardener
joya jewel, gem
jubilarse to retire (from work)
jugada play; throw, move
juguete toy, trinket
juicio judgement, sense, opinion
justo fair; exact
juventud youth
juzgar to judge

L

ladrillos bricks
ladrón thief
lanzar to throw, toss
largo long; **a lo largo de** (all) along

lastimar to hurt, injure, damage
lata tin can; nuisance
lavar to wash
legumbre vegetable
lejos far
leña firewood
lengua tongue; language
ley law
leyenda legend
libra pound (weight)
libre free
llanta tire **(auto)**
llave key
llegar a ser to become. . .(someone, something)
llorar to cry
lluvia rain
lograr to attain; succeed in
lucir to shine, gleam; to seem
lugar place
luna moon
luto: estar de luto to be in mourning
luz light

M

madrugar to get up early
maduro mature; ripe
maldito damned; accursed, wicked
maleducado rude, boorish
maleta suitcase
manejar to drive (car, bus, etc.)
manifestación public demonstration
mar sea
marchar to march; **marcharse** to go away, leave
marinero sailor
masa mass; dough
mascar to chew, masticate
masticar to chew, masticate
materno maternal
matusalén Methuselah
mayordomo butler
medias stockings
medio half; average

medir to measure

mejor better; **a lo mejor** perhaps, maybe

mellizo twin

mendigo beggar

menear to shake, to wag

menos less; **a menos de** unless; **a menos que** unless

menudo small, minute; **a menudo** often, frequently

mercancía merchandise

merecer to merit, deserve

mesero waiter

meter to put into, insert

miedo fear

mismo same; very, self

mitad half; middle

mojado wet

molcajete mortar (to grind spices)

molestar to bother, irritate

molino mill

moneda coin

monja nun

monje monk

mono monkey

montón heap, pile; lot

moraleja moral, lesson

morder to bite

morir to die

muchedumbre multitude, crowd, mob

muestra sign, sample, specimen

multa fine, penalty

mundial world-wide, universal

muñeca wrist; doll

N

nacer to be born

nariz nose

navaja razor; folding knife

negar to deny; refuse

negocio business

nilón nylon

niñez childhood

nombrar to name (title); to call

normandos Normans (invaded England from France)

nota note, mark; grade

noticia information; a piece of news

novato novice, rookie

O

odiar to hate, detest

odio hatred

oficio trade; function, office

ofrecer to offer

olla pot, kettle

olvidar to forget

oponer to oppose

oración sentence

oro gold

orquídea orchid

otorgar to consent; grant

P

palmera palm tree

palo stick, club; blow with a club

paloma dove

palomar dove-cote, pigeon-house

pantano swamp

paraíso paradise

parar to stop

parecer to seem, look (smell, feel) like; **parecerse (a)** to look (smell, feel, sound) like, resemble

parlante loudspeaker

particular private; particular, special

partido party (polit.); match, game

pasear to walk or ride, take for a walk or ride

pasmado shocked

paso footstep; pace

pastilla pill, tablet

pata leg, foot (nonhuman or humorously applied to humans)

patada kick

payasada clowning, trick

payaso clown

pecar to sin

pedir to ask for
pegar to stick, glue; to hit
peinar to comb; **peinarse** to comb one's hair
pelear to fight
película movie, film
pelo hair
peluca wig
pena sorrow, suffering; pity
penoso painful, grieving
perecer to perish, die
perezoso lazy
periodista reporter, newspaperman
permanecer to stay, remain
perro guardián watch dog
persa Persian
perseguir to pursue, persecute
personaje character; important person
pesar to weigh
pescado fish
pésimo extremely bad
petición demand, request; **petición de mano** act of seeking permission to marry, asking for the hand
petrolera pertaining to petroleum; oil
picaresco roguish, rascally
pico peak (of a mountain)
piedad piety; mercy
piedra stone, rock
piel skin
pila pile, heap; dry cell battery
pimienta pepper
pintura paint; painting
pisar to step on
piso floor; story; apartment
plano flat
plata silver; money
plomero plumber
población population; small town
poder power; to be able
ponche punch (drink)
portarse to behave (oneself)
portero porter; doorman

postre dessert
potencia power
pradera meadow, prairie; pasture-land
predecir to predict, foretell
premio reward, prize
preocuparse (por) to worry (about)
preparativos preparations
presentar to put on (a play, program); introduce
prestar to lend, loan
presupuesto budget
prever to foresee, anticipate
primo cousin
principiante beginner, novice
probar to sample, taste; try out
procedimiento procedure
procurar to try to
pronto soon; **tan pronto como** as soon as
propaganda publicity
propina tip, gratuity
proponer to propose
propósito purpose
próximo next; close, near
puesto position, place; stand
puesto que for, since
pulmón lung
pulmonía pneumonia
puntiagudo sharp pointed

Q

quebrar to break
quedarse to remain, stay
quejarse (de) to complain (about)
quienquiera whoever, whomever
química chemistry
quizá, quizás maybe, perhaps

R

radiografía X-ray
razón reason, motive, cause
realizar to realize, fulfill
receta prescription; recipe
recibo receipt

rechazar to reject; repel
rechinar to grate, grind, squeak
recobrar to recover, regain
recurso recourse, resource
redactor editor
redondo round
referirse (a) to refer, have reference
    (to)
reflejar to reflect
refrescos refreshments
refugiado refugee
regalar to give, make a gift of
regalo present, gift
regar to water
regresar to return, go or come back
rehacer to redo, do over; to remake
reina queen
reírse (de) to laugh (at)
relojero watchmaker
remar to row, paddle
renacentista pertaining to the
    Renaissance period of Europe
renacimiento Renaissance
reñir to quarrel, argue; reproach
reo offender, culprit, criminal
requisito requirement
resolver to solve
restituir to restore, reestablish
resucitar to revive; to resurrect
resultar to result; turn out
reunirse to meet, come together
rey king
rincón (inside) corner; nook
riquísimo very wealthy; delicious
risa laugh, laughter
rodear to surround
rogar to beg, plead
romper to break; to rip, tear
roncar to snore
rubio blonde
ruso Russian
ruta route

S

saber to know; **saber a** to taste like
sabio wise, learned; sage, scholar
sacacorchos corkscrew
sacar to take out
sal salt
saltar to jump, leap
salud health
saludable healthful, wholesome
saludar to greet, say hello to
salvadoreño native of El Salvador
salvar to save
sargento sargeant
seda silk
seguida: en seguida right away
seguir (+ -ndo) to continue
sencillo simple, plain
sentir to feel, sense; regret
ser being; **a no ser que** unless
servir to serve; be of use
sí: en sí in itself, on its own
silla de ruedas wheel chair
sobrar to exceed, to be left over; **le
    sobra tiempo** he has more than
    enough time
sobresalir to excel; stand out
sobreviviente survivor
sobrina niece
sobrino nephew
soldado soldier
soldar to weld; **soldarse** to knit (of
    bones)
soler to be used to; be in the habit of;
    suele dormir tarde he usually
    sleeps late
soltar to let go (of something)
soltero/a unmarried
sombra shade
soñar (con) to dream (of)
sonido sound
sonreír to smile, grin
sonrisa smile
sopa soup
sorprender to surprise; to amaze

sostener to support, sustain
sótano cellar, basement
subir to rise, climb, ascend; to raise, lift
súbito sudden; **de súbito** suddenly
sublevación insurrection, revolt
suceder to happen; follow
sucio dirty, filthy
sudar to sweat
sudoroso sweaty
suegra mother-in-law
sueldo salary
sufragio suffrage, vote
suponer to suppose, assume
sureño southerner
suspender to fail (as in an exam)

T

taconeo walking or dancing noisily on the heels
tal such; **con tal** (+**de** or **que**) provided that
tambor drum
tanto... como as well as; **tanto los hombres como las mujeres** the men as well as the women
tapatío native of Guadalajara
tardanza slowness, tardiness
tarjeta postal postcard
tarro de basura trash can
tejano Texan
tela fabric, cloth
teleférico cable car
temblar to tremble, shake
temer to be afraid to, to fear
teniente lieutenant
tentativa attempt
tercio third
terciopelo velvet
tertulia social gathering; talk
tiburón shark
timbre doorbell
timbre stamp, seal; official stamp
tinto red wine

tirar to throw; shoot
título title; **diploma**; academic degree
tolteca Toltec (ancient Mexican Indian people)
tonto fool; foolish
tortuga tortoise, turtle
traer to bring
traje clothes, suit
trampas tricks; **hacer trampas** to cheat, play tricks
tranquilizar to make calm, calm down
tratar (de) to try (to), to deal (with), be about
a través de across
tristeza sadness
tubería tubing, piping; pipeline

V

vajilla table service; set of dishes
valer to be worth; to cost
vasco Basque
vascongado Basque
vecino neighbor
venado deer, stag; venison
vender to vend, sell
ventilador ventilator, fan
veras: de veras really, especially
vestir to dress
vez time, occasion; **de vez en cuando** from time to time, now and then
víbora poisonous snake
vidrioso glassy
víspera eve of a holiday (i.e., **la víspera de Año Nuevo**—New Year's Eve)
volcán volcano
volver en sí to come to, regain consciousness
votar to vote
voz voice; **en voz alta** aloud; **en voz baja** in a low voice

Z

zapatero shoemaker

Index